死過一次才學會守護自己

共感人的「小我」練習

Sensitive is the New Strong

The Power of Empaths in an Increasingly Harsh World

艾妮塔・穆札尼 Anita Moorjani ——著　祁怡瑋——譯

獻辭

獻給人世間溫柔纖細的靈魂——那些只知付出再付出、不顧自身需求的高敏共感人；那些不知如何接受他人好意的自我犧牲者。

這些溫柔纖細的靈魂，也包括想說「不」卻還是說「好」的人、對誰都好就是對自己不好的人、對自己好一點就有罪惡感的人，以及受害者和受暴者，乃至於不知自身價值的人。

你把自己消了音，用自己的渺小去襯托別人的偉大。長久以來，你收斂自己的光芒，終至不知如何再發光。

你讀遍身心靈書籍和自助勵志書。你禱告、冥想、持誦。你一再原諒每一個對你不好的人，結果卻發現在你沉浸於內在探索時，外界已被更大聲、更凶悍的聲音綁架了。

這本書就是為你而寫的。你的聲音至關重要。你的光芒不可或缺。該是迎向真實的你，拿回你的靈魂、你的人生和你的世界的時候了。

目錄

【前言】從掙扎到接納，終至擁抱你的共感人特質 11

第一部 共感人的世界 19

1 你是共感人嗎？ 21

共感人不孤單 30

在五感的世界裡，身為一個六感人 38

練習：開發直覺力的靜心冥想 54

2 身為共感人，是福還是禍？ 57
對批評退避三舍、對讚許上癮 59
淪為腳踏墊的捷徑 61
陷入受害的處境 66
飽受感官超載之苦 69
接納自身敏感的天性 74
練習：擁抱敏感天賦的靜心冥想 76

第二部 你和自己的關係 79

3 身為共感人，如何活出極致？ 81
二十四小時不插電生活 83

和內在的神祕家連線 86
與宇宙的意識之網相連 94
強化你的能量 98
體現無為而為的精神 103
練習：和宇宙意識之網相連的靜心冥想 106

4 把小我鈕開大 109

小我和有意識的覺知 112
看重小我的價值 116
過度壓抑小我的後果 122
養成健康的小我 135
練習：把小我鈕開大的靜心冥想 137

5
立足於愛而非恐懼，才是真正的靈修 139
追隨內在的聲音錯了嗎？ 140
對身心靈教誨照單全收的風險 146
與神性連結，正確的指引隨之而來 150
無條件的寬恕不是美德 153
愛自己之鑰 158
練習：展現自身神性的靜心冥想 161

6
當身體能量耗盡時，你可以這樣做 163
用愛療癒恐懼 166
面對健康問題的四個療癒步驟 172
把生命力能量最大化 183
練習：提升生命力能量的靜心冥想 195

第三部 你和世界的關係 197

7 由內而外蛻變成真正的你 199

你的滷汁裡有什麼？ 201
濾鏡效應 205
拿掉濾鏡看一看 209
收聽並信任內在嚮導的聲音 216
練習：「收聽」的靜心冥想 225

8 問心無愧迎向富足 227

搞錯優先順位的社會 229
身心靈工作者談錢不道德？ 233

以不同的眼光看事情 239
透過賺取金錢來發揮你的力量 244
讓錢通過你流向別人 247
重視你所做的事，找到你的價值感 253
練習：迎向富足的靜心冥想 257

9 突破說「不」的障礙 259

向罪惡感說「不」 263
向不健康的關係說「不」 267
處理伴隨說「不」而來的愧疚 275
練習：說「不」的靜心冥想 280

10
打破性別規範 283
逃跑新娘 287
突破看不見的性別限制 294
練習：擁抱你的性別的靜心冥想 298

11
活得勇敢無畏 299
允許自己做自己 302
愛是答案和解藥 307
不吸引法則 311
從愛一部分的自己到愛全部的自己 316
練習：問心無愧做自己的靜心冥想 321

謝詞 324

【前言】

從掙扎到接納，終至擁抱你的共感人特質

你可曾看到一個小朋友跌倒擦破膝蓋，然後覺得你自己的膝蓋也很痛？你可曾在焦慮或心煩的朋友身邊，然後自己也覺得一樣不安？在某些人身邊，你是否覺得心很累？置身於人群中就緊張？感覺到別人在說謊？面對別人的要求，明明全身每個細胞都在吶喊「不要」，嘴巴上卻說了「好」？有沒有人說過你「太敏感」、「太情緒化」、「太玻璃心」或「太在乎」？有沒有人問過你：「你爲什麼就不能跟別人一樣呢？」

如果你對這些問題的答案是肯定的，那麼，就像我以及我每天接觸到的許多人一樣，你可能也是一個共感人——很容易感染到他人思緒、情緒及能量的高敏感族。

共感人看待及感受這世界有一套獨特的方式——我們對人事物的感受更深刻。

我們的直覺超強。我們假設別人也一樣，但多數人其實不然，我們因此覺得自己像是不同於常人的異類。我們的人我界線往往很模糊。我們受責備、受欺負，覺得自己有什麼不好或可恥的地方。別人會告誡我們要「臉皮厚一點」、「堅強一點」。如果你是男生，可能也聽過「像個男人一點」、「男兒有淚不輕彈」之類的話。

批評與否定對我們的傷害比多數人都來得大。為了避免受到傷害，也為了融入人群，我們往往表現出自己以為別人想要的模樣。於是我們可能成為好好先生和好好小姐，或淪為我心疼地暱稱為「腳踏墊」的人物（兩者都只是一種說法，並不是真正的你）。又因為怕被嘲笑、怕被欺負或怕格格不入，我們也藏起自己的天賦，連帶藏起真實的自我，藏到再也不知道自己是誰的地步。

我相信，人生在世所做的每一個選擇、每一個決定，不是帶我們前進一步，朝表達和接納最真實的自我靠近，就是帶我們後退一步，朝失去自我和貶低自我靠近，終至朝疾病靠近。我所成長的文化背景鼓勵我不吵不鬧，當一個隱形人和迎合者。我把自己縮小到看不見的地步，總是覺得有抱歉的必要，甚至為了自己的存在抱歉。好多我接觸過的共感人都有同感。當一個人的成長史根植於鼓勵你不吵不鬧、迎合別人的世界中，沒辦法爲自己或周遭許多不公不義發聲的情況可能極其令人沮喪。

我們的星球需要很多的修復。這世界是一個岌岌可危的世界。如果你每天看新聞或關注社群媒體，你會產生「這世界就快完蛋了」的恐懼也不奇怪。只要看看媒體報導的一切——那些槍擊、凶殺、政爭，人與人彼此撕裂、惡言相向。世人變得越來越憤怒。我們壓力很大。我們談什麼都不能不扯上政治。在我走筆至此之際，我們正面臨新冠肺炎（COVID-19）的疫情。網路雖然惠我們良多，卻也放大了周遭發生的一切。地球上每個角落的每一件事似乎都全天候實況轉播出來。一切看似無法無天，沒有行爲規範可言，這世界讓人覺得喘不過氣、難以招架。

對共感人而言，今日的世界就是一個地雷區。面對那些掌權的人，面對那些高舉「適者生存」的大旗、用盡辦法爬到頂端的人，我們常想對他們大叫，叫他們別再散播恐懼，改成散播同理心吧！但「大聲說出來」的行爲卻和我們受到的教養及制約相牴觸。公然說出想法不只需要莫大的勇氣，也讓我們暴露在赤裸裸的攻擊底下，我們可能覺得自己應付不來。所以，光是想到要發出聲音就足以讓我們逃走，跑去藏到石頭底下。

然而，現在也是共感人出頭最好的時機，自古以來沒有更好的時機了。共感人擁有近年來在我們的文化中逐漸喪失的特質：敏感、悲憫、仁慈和同理心。共感人向來都存在，在這世界當前的狀態之下，有越來越多幫助我們的書籍問世。結果不僅有越來越多人明白到自己是共感人，而且共感人的人數也持續攀升。《遠離能量吸血鬼：人際病態關係的原型》（*Dodging Energy Vampires*）作者克莉絲汀．諾瑟普博士（Christiane Northrup, MD）本身也是共感人，她寫道：「共感人是高度進化的靈魂在人世間的化身，值此轉變之際，有爲數越來越多的共感人照亮黑暗。」①

這就是爲什麼我爲本書取名爲《死過一次才學會守護自己：共感人的「小我」練習》。

當我明白自己是共感人時，沒有工具箱可翻，沒有輔助設備可用，沒有操作手冊可讀，沒有任何東西能協助我從「隱形」中「現形」。我很快就體認到，如果要有這樣一套工具把我從以前的樣子變成現在的樣子，那我得自己發明才行。於是，我就著手發明起來了。

我在本書中提出的辦法與建議並不是耳熟能詳的老生常談。我沒有要告訴你如何設下牢不可破的界線，保護自己不被別人踩線。這本書不是關於高牆、屏障和保護。我們若是爲了保護自己而躲在牆後，那就永遠沒有入世綻放光芒的一天。

這本書是關於拓展、解放，關於與你自己的神性相連，關於爲自己發聲、看重自己和愛自己，關於擁抱你的一切、去除不是你的部分，關於拆牆，而不是關於築

編按：○為原註；●為譯註。

① Christiane Northrup, MD, "8 Ways to Turn Your Empathy into a Super Power," accessed March 21, 2018, https://www.drnorthrup.com/8-ways-to-turn-your-empathy-into-a-super-power/.

牆。一旦你學會如何珍惜和發展自己的天賦，我鼓勵你走出去，發出慈悲的光芒，擔負起領導者的角色，成爲大家的榜樣！

我將本書分成三部分：共感人的世界、你和自己的關係、你和世界的關係。每一章都涵蓋了我在某一方面從掙扎到接納的歷程，並記錄了我如何與某種挑戰搏鬥，終至擁抱如今定義了我這個人的敏感力。此外也收錄了我的學生、讀者及親朋好友的軼聞與故事，他們每個人都走過了屬於自己的歷程。從這當中開闢出來的一條條路，我希望能帶給你啓發，讓你知道如何走出卑微的感覺，助你看見如何以你自己的方式當領導者、療癒者和改變的媒介。

在這些篇章當中，除了故事以外，我也提出幫助我擁抱天賦、看重自己的資訊、練習和工具。你會學到當一個共感人是什麼意思。我們會一起探索共感人面臨的障礙，乃至於我們獨具的天賦或超能力，如此一來，你就會明白你沒出什麼問題。你會明白自己的長處並得到指引，脫離受害者和腳踏墊的處境，成爲一個有力量的人。你會學到接納和呵護你獨具的敏感力，而不是讓敏感力妨礙你或傷害你。

閱讀這些篇章，你會學到如何向內尋求指引，而不是向外尋找答案。你會看到腳踏墊的處境是如何形成的，並學到如何阻止自己落入這種處境，如何在你整個人都想大喊「不好」的時候不再說「好」，如何保護自己不生病並參與自己的療癒。我們也會探討金錢的課題——如何透過賺取自己應得的來發揮你的力量、重視自己和自己所做的事，並幫助這個星球上的其他人。

在每一章的開頭，我都放了一句眞言，當作一種濃縮重點和集中焦點的方式。在每一章的結尾，我則發明了一段簡短的靜心冥想，幫助你將那一章所學的東西融入到潛意識深處。我邀請你騰出二十分鐘的時間，找一個安靜的空間，先深呼吸四次，然後在腦海裡慢慢默誦那些字句，或者朗誦出來也可以，重複誦讀八次，各穿插四次深呼吸。完成之後，閉上眼睛五到七分鐘，讓那些字句沉澱。

你可能會想寫下過程中閃現的靈光。練習靜心冥想時，剛開始幾次都沒什麼靈感也沒關係。許多人可能長久以來堵塞了自己的直覺，所以你可能需要重新練習你的直覺力。

如果你知道自己是共感人，但不太知道如何將自己的天賦變成長處；如果你懷疑自己是共感人，想再多了解一點；如果你受到這個主題的吸引，但還不確定自己是不是共感人；如果你相信自己心愛的某個人是共感人，那麼，這本書就是獻給你的。

我邀請你用全新的方式感受自己和這個世界，立足於愛而非恐懼，勇於拓展而不退縮，與人互動交流而不孤立自己。如果展現出更真實、更有力量、與直覺緊密相連的自己，忠於內心深處的目標，那會怎麼樣呢？

準備好了嗎？

那我們就直接開始吧！

【第一部】

共感人的世界

1

你是共感人嗎？

眞言：

「我是人，不是角色。」

我躺在墊子上，把乳香精油和橙花精油的霧氣吸進肺腑之間，眼睛緩緩張開一條縫，透過縫隙，剛好足以窺看周遭正在舉行的儀式。薩滿在木屋裡其他四十位參與者身邊繞圈圈，口中用他的母語念著咒語，誦咒聲從挑高的穹頂傳回來，迴音繚繞。他拿一根點燃的鼠尾草棒在每個人頭上畫圓，時間長達數分鐘，同時，一名助手將散發香氣的液體噴到空氣中，聞起來就像我在家裡點的草本精油。另一名助手揮舞著一根看起來像鹿角的魔杖，在鼠尾草棒燒出來的濃煙裡畫出圖形。據知，這個儀式是用來清除體內在不知不覺間帶有的多餘能量——從都會生活累積而來的能量，經年累月下來就會導致疲勞、壓力和憂鬱。

我把眼睛閉好，沒幾分鐘就聽到薩滿帶著助手過來了。兩位助手邊跳舞邊打鼓，還一邊揮舞著手中的香杜。我感覺到薩滿低頭看我。接著，一道低沉的嗓音伴著燃燒鼠尾草的濃烈氣味對我悄聲說：「起身跟我來。」

兩名助手隨侍在側，穿著一襲白衣、渾身覆蓋白色羽毛的薩滿示意我站起來跟他走。我環視整個房間，大家都還恍恍惚惚地躺在他們的墊子上。

兩名助手以平穩的鼓聲和誦咒聲維持其他人的異態❶，我跟隨薩滿來到房間前方，這裡一片昏暗，只有幾枝蠟燭閃著微弱的燭光。我知道這是一場徹夜進行的活動，但我已經搞不清楚時間了。是凌晨兩點嗎？還是三點？而且在哥斯大黎加叢林中這棟巨大的木屋裡，在一種我從來不曾接觸過的儀式中，爲什麼唯獨我被挑選出來？我本來只是打算來這裡輕鬆度假的，卻在兩名朋友的慫恿和我本身的好奇心驅使下，參與了這場儀式。

薩滿坐在一大張藤椅上，高聳的椅背像張開的孔雀尾巴一般。他示意我坐在他面前的地板上。我懷著既忐忑又期待的心情坐下。他要跟我說什麼呢？

「依我看，你需要特殊的治療，就讓我來幫你吧。」他說。

爲什麼選中我？

---

❶意識異態（altered state of consciousness），心理學術語，指透過冥想、催眠或藥物等方式導致意識遁入異於清醒時的狀態。

「你不一樣。」他彷彿看穿了我的心思，說道：「你在這世上有特殊的目的，而我感覺得到你需要一點幫助。」

他請我閉上眼睛，接著把雙手按在我頭上，又開始誦起咒來。接著，他請我躺在地上，把乳香和橙香精油灑在我身上，這個儀式又持續了二十分鐘。最後，他叫我坐起來。我覺得頭暈目眩，心裡惴惴不安。

最後，他又說了一次：「你在這世上有特殊的目的，但你還沒把自己的能力施展到極致。你一直在吸收很多不屬於你的能量。告訴我，在你的人生中，是否發生過不尋常的事情？你不一樣。你的能量跟別人不一樣。你有天賦，但你埋葬了自己的天賦。」

事實上，我的人生中確實發生過一件頗爲稀奇的事情。我告訴薩滿，幾年前我是如何差點死於癌症，瀕死經驗又是如何拯救了我的人生。我向他說明我在死過一次之後是如何談論和寫下那次經驗。已故的偉大醫生偉恩．戴爾發現了我的人生故事，鼓勵我寫下第一本書《死過一次才學會愛》（*Dying to Be Me*），這本書讓我在二〇一一年登上國際舞台。在內心深處，我知道這就是我的使命，我注定要和全世界分享我學到的東西。包裹在愛自己的訊息裡，我覺得非把勇於求眞、說出眞心話、抬頭挺胸做自己的重要性傳遞給世人不可。畢竟，我們都是神性的化身。

但在第一本書出版之後，我突然廣受全世界矚目，人生變得超乎我一直以來的想像。雖然感覺一切都對了、我就該活出這樣的人生，但這也是一種我不知如何應付的人生。

你知道，在以往，在那次的瀕死經驗之前，我是個隱形人。爲了討好別人，我扭曲自己的情緒、否認自己的需求、在我想說「不好」的時候說「好」、收起自己的鋒芒好獲得認同或避免讓人失望。我也超級敏感，敏感到我往往對別人的情緒或病痛感同身受。事實上，有時我對別人的感受甚至比對自己的感受更敏感。我總把自己排在最後順位，甚至到了爲自己的存在感到抱歉的地步！

我無處可躲，也沒有理由要躲，但受到萬眾矚目比我所想複雜得多。成千上萬的讀者想從我這裡得到有關療癒的資訊。他們渴望智慧、安慰和交流。我很想幫助每一個跟我接觸的人，但那是不可能的，因爲總共只有一個我。而光是這一點——我有可能顧不了某個人，或我有可能在某一方面讓任何一個人失望——就讓我的心更痛。

「你得到再活一次的機會和痊癒的禮物。」薩滿在那棟木屋裡直視著我說：「瀕死經驗接通了你和周遭的能量，這些能量醫治了你。這是一份大禮，但也是一份挑戰與責任，因爲你對強大的療癒能量和有害身心健康的能量都很敏感。吸收每個人的能量不是你的工作。犧牲自己拯救別人或說服不信邪的人不是你的工作。你唯一要做的就是給自己力量，忠於自己的心，讓你的存在激勵別人，讓他們看到痊癒的可能——如果他們命該受你激勵的話。」

我坐在那裡，咀嚼著薩滿所說的每一個字。從來沒人用這麼清楚、堅定的方式跟我談過我的存在狀態。

薩滿說：「若是沒能有意識地忠於自己，你只要去幫助別人，下場就是吸收別人的能量。我在剛剛的儀式中已經淨化了你的能量，否則你還會像第一次一樣再生一場重病。」想到還會再病一場，我不禁睜大了眼睛。薩滿繼續說：「你要保護自己。你在這世上有一個偉大的目的要完成，那是比你目前所知更大的目的。再活一次的機會是一份禮物，一份理解的禮物和機會。不要浪費了這份禮物。」

這番話的力量在每一個層面上都引起我的共鳴，也凸顯出一個迫切的人生問題：如果這份禮物就像一把雙面刃，既是祝福也是詛咒呢？我要如何給自己力量並忠於自己？我要如何帶走我從瀕死經驗中學到的東西，將它落實到人生中？我要如何一面保護自己，一面又保持開放的心，善待別人也善待自己？跟我一樣敏感，有時敏感到自己承受不住的人，又是如何掌握他們的力量呢？我個人是別無他法，不知道怎麼辦，但這位薩滿顯然看出了什麼端倪。

以下是我的瀕死經驗。

二〇〇六年二月二日本該是我人生的最後一天。那天，醫生告訴我的家人，我已是何杰金氏淋巴瘤（Hodgkin's lymphoma）末期。何杰金氏淋巴瘤是淋巴癌的一種，摧殘我身體的癌細胞已經轉移，從顱骨底部擴散到胸部、腋下，一路擴散到腹部。我的肺部積滿液體，身體已經沒在吸收養分了。我陷入昏迷，器官一一衰竭。死神降臨。

在死去的過程中，我清楚意識到醫療團隊的急切、家人急瘋了的情緒和醫生所說的話：「她的心臟或許還在跳動，但已經來不及救她了。」但就在此時，我突然遁入一種無限而神奇的境界，以至於我在《死過一次才學會愛》一書中，有一整章的章名就定為〈如此無限，如此神奇〉（Something Infinite and Altogether Fantastic），因爲除此之外就沒有別的詞彙能形容了。簡而言之，儘管肉身已死，我、我的靈魂、我的本質、我的存在，並沒有消逝！我的感覺好極了。我覺得輕盈又自由。病痛與恐懼煙消雲散。疾病對身體的殘害帶來了恐懼，但就在這時，對病魔的恐懼、對死神的恐懼，全都不見了。

我清楚意識到周遭一切的浩瀚、複雜和深刻，同時也意識到自己是其中的一分子。這靈動、無限、神奇的一切就像一大塊綿延而去的織錦，看不到盡頭，也超出聽覺的極限。那是一種大徹大悟的境地，一切都有了道理。我眞眞切切地體會到我們都是一體相連的，我們都是同一片意識的一部分。我也明白了截至當時爲止，我這一生有過的每一個念頭、做過的每一個決定，是如何帶我來到那一刻，躺在那張病床上，被癌症奪走性命。

在那超然的境地裡，我最終來到一個必須做抉擇的臨界點：我要回到那副肉身中，還是要繼續前往另一個世界？一開始，我沒有半點想要回去的意思。我爲什麼要離開這個不可思議的空間？然而，我突然感應到我父親的存在，十年前過世的他出現在那裡，助我度過這個過渡階段。他說：「你的時候還沒到。人世間有禮物等著你去收，所以，你得回到那副軀殼裡。」

「可是我爲什麼要回到那副奄奄一息的病體裡呢？」我抗議道。

當然，我們不是透過口頭交談的方式溝通，因爲我們在另一個世界沒有形體。儘管如此，家父純粹的本質和我之間沒有隔閡，即使在有形的世界裡、在我的成長過程中，我們父女談不上特別親近。我就是知道他想告訴我什麼，連「心電感應」這種說法都不足以形容那種交流。家父要我知道，既然我已經體認到眞實的自己是誰，也明白了是什麼導致我罹患癌症，只要我選擇回到那副肉身裡，癌症就會痊癒。家父對我說：「回去吧，勇敢無畏地過你的生活！」就在這一刻，我決定回到有形的世界。

我回到我的身體裡，張開我的眼睛，從昏迷中甦醒。不出五個星期，醫生從我身上就找不到一絲癌症的跡象了。除了承認這是奇蹟之外，他們就沒辦法解釋這件事了。

共感人不孤單

結束哥斯大黎加之旅回家後，我研究了如何保護自己、設下界線的相關資料，有一個名詞一再躍入眼簾：「共感人」。這個名詞我很熟悉，但從未留心。即使以前曾有人向我指出來，說我其實就是一個共感人，我也對這個標籤不以爲然，因爲無論說中了還是沒說中，我反正不喜歡被貼標籤。但我這下子好奇起來了，所以，我又用最了無新意的方式研究了一下——我做了線上測驗。不得了，滿分三十，我得到二十九分！線上測驗看起來可能不太科學，但如果你找到可靠的資源，它就能給你了解自身弱點與強項所需的語言。在本書當中，我會談得比任何大眾化的測驗都更深入，但你可以把唾手可得的簡單測驗當成起點。你也可以做做看我在本章結尾（以及我的網站）附上的「你是共感人嗎？」測驗。

在測驗結果的驅使之下，我做了更多研究，讀了關於共感人的書籍與文章。讀著讀著，有生以來第一次，我眞正明白爲什麼我很難忠於自我，很難堅守自己眞實的樣貌。我漸漸明白身爲共感人不是我能擺脫的狀態，所以我必須停止爲此自責。我不能再以此評價自己了，相反的，我必須學會接納它、愛它、處理它。我也明白到爲什麼我很難適應這個世界。那是因爲多數人感受這個世界的方式都跟我不一樣。

這一層領悟讓我透過全新的眼光看待自己和別人。就在這時，我開始體認到許多受我作品吸引的人本身也是共感人。在演講的場合上，我開始請大家舉手，看看有多少人覺得自己是共感人，結果通常有八成到九成的聽眾都會舉手。許多人沒聽過這個用詞或不知道那是什麼意思，所以，我會念一些特質出來，接著再問一遍，這時又會有更多隻手舉起來。這副景象令我驚奇。我暗自下定決心，不僅爲了自己，也爲了幫助這世上所有的共感人，我要學習如何以共感人之姿行走在人生的道路上，並發明一套共感人專屬的生存工具。

在進入共感人的世界、研究共感人的特質之前，容我先說一句：你不需要像我一樣死過一次才來喚醒這些能力。在一生當中，你隨時都能親近這些天賦。有些人當了一輩子的共感人卻不自知，或不知道有這個名詞可用來指稱自己。有些人可能不是徹頭徹尾的共感人，但有許多程度不一的敏感特質，顯得自己和別人很不一樣。

「和別人很不一樣」。對我來講，就連寫下這幾個字都很困難。因爲我從瀕死經驗中深深學到的一件事，就是在超驗的層次上，我們都是由同一種物質構成的。褪下軀殼之後，我們都是純粹的本質、純粹的愛、純粹的神性、純粹的靈性。我們都是一體相連的。然而，在有形的軀體之中，唯有透過擁抱個體差異，我們才能時時感覺到與自己的連結。無論是擁抱自己的不同之處，還是擁抱別人和他們的不同之處，擁抱這份差異就是尊重整體意識的多元面向。

我相信這種一體相連的特性是我們的本質，但在以血肉之軀生存於人世間時，我們忘記了這一點。誕生到這個有形世界的人各有各的條件，像是家庭背景、文化背景、成長背景和數不清的親身經歷，這些條件塑造了我們的人格和心理（在接下來的篇章裡，我會把這個概念談得更詳細）。我相信人性本善，我們都在憑一己所知盡最大的努力。我認爲我們不會故意傷害他人或造成傷害。我們之所以造成傷害，只是因爲無知、恐懼或爲了求生存，而在這種情況下，不管我們想的對不對，我們自認別無選擇，只能這樣處理。別人也有別人的處理方式，但當我們將自己的意志或信念強加於人時，別人就受到了限制。

話雖如此，我們從人生的這些情況中累積了層層恐懼、憤怒和社會制約，導致一種個人和集體的失憶症，我們忘了眞正的自己是誰。而對共感人來說，這種失憶症可能帶來莫大的傷害。我們非比尋常的敏感度很容易就會變成那位薩滿口中的雙面刃，既是祝福也是詛咒。

了解敏感族和共感人之間的區別很重要。伊蓮・艾融博士（Dr. Elaine Aron）是其中一位刻劃高敏感族的世界的先驅，她在劃時代的著作《高敏感族自在心法》（*The Highly Sensitive Person*）一書中，取 **H**ighly **S**ensitive **P**erson 三個字的字首，組成「HSP」這個縮寫，之後就用HSP來指稱高度敏感的人。根據艾融博士的研究，高敏感族占總人口的十五%至二十%，他們在生理構造上有著異於常人的神經系統①。在高敏感的族群中，有一小部分也是共感人。共感人具有高敏感族全部的特徵，但他們的感受又強烈得多。茱迪斯・歐洛芙醫生（Dr. Judith Orloff）後來在《共感人完全自救手冊》（*The Empath's Survival Guide*）中探討了共感人的世界，提到共感人不僅會感受周遭的正能量和負能量，還會吸收這些能量。她闡述道：「我們沒有跟其他人一樣的過濾機制可排除外來的刺激……我們是那麼敏感，就彷彿同樣是手裡拿著一件東西，只不過我們一隻手就有五十根手指，而不是五根手指。」②

在我自己的生活中，我也看到了高敏感族和共感人的差異。我先生丹尼的直覺超強，不等別人開口，他就能輕易感受到別人的需求。他是天生的照顧者。然而，他不是共感人，因爲他似乎不會把別人的能量吸到自己的能量場裡。他不需要周遭的每個人都快樂、自己才能快樂起來，相形之下，我就需要周遭旁人的感覺都很良好，否則我的感受也會受到影響。這是共感人很容易變成濫好人的另一個原因——爲了讓自己感覺良好，他們需要周遭旁人的感覺良好，於是他們不斷在救人和助人。

在我的社群媒體平台上，總有來自演講場合的聽眾留言說他們的情緒不斷超載，因爲他們不斷在幫助或拯救別人。他們沒辦法對人說「不」，也很難好好照顧

---

① Elaine N. Aron, PhD, *The Highly Sensitive Person: How to Thrive When the World Overwhelms You* (Toronto: Citadel Press, 2013), Kindle edition, loc. 561.

② Judith Orloff, MD, *The Empath's Survival Guide: Life Strategies for Sensitive People* (Boulder, CO: Sounds True, 2017), Kindle edition, loc. 59.

自己，因爲別人的需求似乎總是比較緊急或重要。

事實上，共感人甚至能感受到周遭旁人的能量場，就像是同時收聽多個電台頻道，儘管我們可能很難區分別人的頻道和自己的頻道（或說從我們自己的北極星傳來的訊號，如果能讓我這麼比喻的話）。這就對我們造成了靜電干擾，讓我們困惑混淆，甚至筋疲力竭。因爲別人的需求蒙蔽了我們自己的需求，我們吸收了別人的頻率和能量。

更有甚者，有心事的人（需要有人聽他哭訴的人）往往會朝共感人聚集過來，因爲共感人是稀有物種——我們是一種高度敏感的生物，眞正能夠傾聽和理解他人的痛苦。我們是拯救者、給予者和治療者，深深不忍看到別人受苦。我們是名副其實對別人的感受感同身受。擁有這項天賦的缺點就是，倘若我們渾然不知自己的感受力有多強，我們就會交出自己的力量、耗盡自己的心力，最後的下場就是我們成了別人最好的治療者，卻成爲自己最差勁的照顧者。

從瀕死經驗得到的體會讓我清楚知道：我尤其有資格爲我等共感人擬出一套求

生指南。我完全相信自己之所以差點沒命，正是因爲不明白身爲共感人要怎麼活（我甚至不知道自己是共感人！），或不明白我是如何以自己爲代價去承擔別人的能量並藏起眞實的我。我親身經歷過放下所有的自我批判和懷疑會怎麼樣，放下對他人的愛與肯定的需求又會怎麼樣。我也學到祕訣在於擁抱自己的一切，把人生活好活滿，活得無畏，活得張揚，而這對共感人來說往往很難做到。然而一旦能做到，我們會擁有何其美妙的人生，我也親身經歷過了。我領悟到自己是神性的化身、每個人都是神性的化身，只是我以前從來不知道，所以我從不允許自己充分展現自我，總是心想：「我憑什麼發表意見、打破常規、追求自己想要的啊？」或總在事後質疑自己的所作所爲。我以別人爲優先，覺得每個人都比我更重要、更有資格。瀕死經驗讓我明白：身爲神性的化身，我的存在是有意義的，拒絕展現自我就是拒絕讓神性的某一面展現出來。

想像一下，當我們明白自己是神性的某一面時，我們可以擁有怎樣的人生。想像一下，當你知道自己是整體的一部分時，你會怎麼過日子。想像活在那種明白了一切的境地。我們都做得到。

在五感的世界裡，身為一個六感人

我相信人生來都有第六感，亦即以一般正常的五感無法解釋的直覺。這種直覺包括透視或靈視（看見五官無法明顯感知的物體）、預知（提前知道未來會發生什麼事）和感應力等等。許多人活著活著就失去了那種第六感。我們都有過「早就料到了」或「察覺事有蹊蹺」的經驗。這叫做直覺——知道什麼是真的。直覺是感應力的基礎，但許多人都喪失了這種天賦。擁有第六感特徵的人彷彿是帶著深刻的內在感知來到這世上，他們深知人和人以及人和宇宙之間的連結（詳見第三章）。但在成長過程中，我們對直覺的信任並不受到鼓勵，到頭來，我們往往就學會忽視或壓抑自己的第六感。

因此之故，許多共感人甚至不知道自己擁有第六感。以前的我就不知道，但瀕死經驗重新打開了我的第六感。我體認到第六感是真的，而且是我一直以來都有的。儘管我把自己的這一面忘得一乾二淨，但當它又回來的時候，感覺卻是那麼熟悉。我甚至開始納悶，那些年沒有第六感，我是怎麼活過來的。

你可能也有過第六感被轟然打開的經驗，或許是出於必要（有人需要幫助，或你得幫助自己），或許是因為某個創傷，但也有時候，你純粹就是某天醒來發現第六感回來了，又或者這輩子首度開始感覺到它的存在。

我們生來就對周遭一切人事物有很強的直覺，但我們活在一個不太承認第六感的世界裡。然而，有些人的內在感知力就跟聽覺或視覺等知覺一樣強，甚至比這些知覺還更強。想想小嬰兒吧。想想他們是如何立刻察覺到媽媽來了，甚至是在他們的眼睛張開之前。想想寵物吧。想想牠們是如何在飼主還沒來到聽力或視線範圍內，便早已感覺到飼主的到來。

我養過一隻名叫「宇宙」的狗。每一次牠都會在我走進家門前五分鐘到門口就定位。不管牠在做什麼，不管牠在屋子裡的哪裡，只要我距離到家還剩五分鐘，牠就會跑來窩在門口。不管是誰在家，看牠這樣就知道我過五分鐘會走進那扇門。所謂五分鐘是指開車五分鐘，也就是我在大約一點六公里外，而牠不可能聞到我的味道、看到我的身影或聽到我的動靜。我們住在一棟大樓裡，當我從一樓踏進電梯時，宇宙就會隔著緊閉的門，從牠在我們家門後的位置搖起尾巴來。丹尼和我總是不亦樂乎地讚歎宇宙不可思議的敏銳直覺。

在文化的制約之下，我們認爲自己的直覺不是眞的，或說只是想像的一部分。孩提時期，或許你有想像出來的朋友，這些朋友對你來講眞的很眞實，但你的家人嗤之以鼻，告訴你說那是你天馬行空的想像。

又或許父母叫你抱抱某位親朋好友，當你感覺到他們不懷好意而退縮起來，父母就硬把你朝他們推過去，叫你不要那麼害羞或沒禮貌。在這種情況下，你會對自己產生什麼感受呢？諸如此類的事情無疑就發生在我身上，而我往往會很慚愧、很困惑，覺得自己跟別人不一樣。最後，我會埋葬這件事，連帶埋葬我的直覺。我敢說一定很多人都有一樣的經驗。我常收到讀者來信說他們不得不壓抑自己的第六感，因爲一旦表達出來，旁人就會說那只是他們的想像。他們會因爲跟別人不一樣而被同儕嘲笑或欺負，不然就是在家或在學校受到處罰，而那種壓抑是多麼痛苦。

第六感就跟其他五感一樣眞實。讓我們打個比方來說說這件事吧。如果少了五感其中之一，你一定會注意到它不見了。想像一下，打從出生的那一刻起，旁人就叫你閉著眼睛。他們說張開眼睛看這個世界是很危險的。儘管你發展出超強的直覺（一種內在的視覺）來彌補視覺的缺乏，但你就丟失了用眼睛去看世界之美的天賦。

這意味著你永遠不會看到色彩，或看到天空、彩虹、河流、高山、群樹、星斗和雲朵。姑且假設你小時候三不五時就忘記閉上眼睛，不小心窺見了這世界的模樣，然後你把自己看到什麼告訴大人，但他們不當一回事，還跟你說：「那是你的想像。如果想在這世上生存，就把你的眼睛閉好。」想像一下這世界會有多不一樣，人類所有的科技與發明都會以協助我們閉著眼睛生存下去爲目標。

於是，你學會把眼睛閉好，因爲你想融入人群，你不想讓人失望。你長成一個五感人，只不過這五感（直覺、聽覺、嗅覺、觸覺和味覺）不包括視覺。求學過程中，連同老師在內，你碰到的每個人都閉著眼睛。你從學校畢業、找到工作，閉著眼睛展開職業生涯。你活在一個沒有視覺的人爲沒有視覺的人打造的世界。所以，視覺是很強的一種知覺，但世人都看不見。又或者，如果他們相信視覺的存在，如果他們打開了眼睛，他們就看得見了。

現在，想像你長大成人之後，有一天突然想起自己小時候是看得見的！你想起自己還有一種知覺，但大家都說那是你的想像。你依稀記得外面的世界看起來的模樣，你想把那種知覺再找回來。你渴望再看一眼那個更廣大的世界。於是，你決定嘗試一下，設法跟小時候探索過的世界重新接上線。

你到外面玩，草比你記憶中的更綠。你看到潺潺小溪，而不只是聽到溪流的聲音。你看得到路上的石頭和荊棘，所以很容易就能避免自己受傷。你看得到遠方，光靠目測就知道一座山離你有多遠。你向來都能靠嗅覺判斷大海離你有多近，但現在你也看得見大海在哪裡了。你可以看到水色的變幻、海水跟岸上的距離。靠近一點，你還可以看到沙灘從哪兒沒入海裡。你看到海水是透明的——以前你從不明白

「透明」是什麼概念。

想想那份清晰吧。想想有了這個新的知覺，你對這個世界的認識會多麼不一樣。

現在，既然你有了這個大發現，想像一下你到處跟人說：「張開你的眼睛。不得了！我們還有第六種知覺，這種知覺從小就受到壓抑，但它眞的存在！你也可以把它發揮出來！沒什麼好怕的，它其實會讓你過得更好、更輕鬆。」

你爲這個大發現興奮不已，恨不能爬上屋頂大喊：「各位鄉親父老，事實上，你們大可張開眼睛，人生會變得更容易。」但大家卻對你說：「不行，不能睜開眼睛，太不敬了，這麼做違背了我們從小到大所受的教育。」他們說你對科技是一種威脅，你威脅到所有創造出金錢與工作機會的科技。大家堅持要你重新閉上眼睛。你不禁納悶：「怎麼可能這麼多人都是錯的？這麼多有力人士都說那是我的想像，所以這一定是我想像出來的囉？我可不想冒險！」你不想冒險成爲被排擠的異類。

再來還有對未知的恐懼。因爲別人都沒把眼睛睜開，所以你無從得知睜開眼睛過日子有什麼風險或害處。而你如果是唯一一個這樣看世界的人，你會開始覺得很孤單。你沒有言語能夠表達。「語言」是一種基於共識賦予聲音意義而發展出來的東西，如果每個人都閉著眼睛，唯有視覺才能辨識的東西就不會被賦予文字。舉例而言，如果沒人看到色彩，色譜上的顏色就不會被賦予紅橙黃綠等名稱。

到頭來，你會明白自己活在一個閉眼人為閉眼人打造出來的世界中。沒人理解你，因為你看到的沒人看到，你也沒有言語能形容一己所見。你會開始懷疑那是不是你的想像、這一切是不是純屬妄想。最後，你又閉上了眼睛，只為融入這個世界。

在我看來，以上假想的情境貼切勾勒出許多人過得很辛苦的原因。我們是受到制約的六感人，在這個自以為只有五感的人組成的世界裡，我們不得不認為自己也是五感人。當然，我們所關閉的不是視覺，而是直覺。直覺這種東西完全就跟其他的知覺一樣強、一樣真實，但在社會的制約下，如果它冒出頭來，我們就將它視為自己的想像，無視它的存在。

否認自己的那個部分，否認六種知覺中的一種，就是在否認個人身分認同的一部分。這就是爲什麼共感人、高敏感族和直覺型的人在這世上掙扎不已。他們被迫否認有助自己生存在這世上的基本知覺，而這麼做的結果就是感到迷失和困惑。

共感人不一樣，明白這一點讓我如釋重負。我學到箇中祕訣在於了解並擁抱這種差異。這些年來，學生和讀者紛紛和我分享他們自己的經驗，在他們的幫助之下，我對我們（尤其是我的共感人同類們）都在走的旅途有了更深的認識——在成爲眞實的自己的旅途上，不要再竭盡所能保護及促進旁人的利益，甚至到了損害自身福祉的地步。我是歷經戲劇化的轉變（臨床上宣告死亡）後才充分發揮出共感的能力，但你不必到鬼門關前走一遭，也能學著駕馭身爲共感人的力量，並保護自己不受伴隨而來的壞處所傷。在接下來的篇章中，我會分享我的辦法、經驗，以及與我合作者的故事，藉此協助你成爲眞實的自己——那個擁有六感、富有感應力、超級了不起的自我。到了本書結尾，你會明白身爲共感人是一種超能力！

測驗：你是共感人嗎？

想看看自己的共感人指數有多高嗎？針對下列敘述回答「是」或「否」，再計算一下結果。

1. 你深怕傷別人的心、讓別人失望或不滿意，因為你能感受到他們的痛苦（說不定你的感受比他們自己還更強）。
2. 你願意為自己的行為負全責，有時甚至不是你的錯也很自責。
3. 你很容易受到他人的擺布，常常覺得被占了便宜或受到剝削。
4. 你很難接受他人的讚美、禮物、服務或好意。你覺得必須立刻給他們回報。
5. 你對他人極具同理心，很能包容別人的弱點、不安和錯誤。不管這個人配不配，你都會以善意相待。

6. 你比別人還更了解他們自己，所以大家常常拿自己的麻煩和問題來找你。就算你負荷不了，也從不拒絕，因為你能感受到他們的痛苦。

7. 你的第六感很準，料事如神，不用別人告訴你，你就是知道。你擁有一種超乎預感的深刻感知力。

8. 你很容易就聽得出別人言不由衷或有言外之意。

9. 你待人溫柔，對地球也很溫柔。

10. 你受到各種形式的療癒藝術吸引，包括整體療法（holistic therapies）。

11. 你總是支持弱勢，而且很快就能看出現場或一群人當中誰是弱勢。

12. 你沒辦法穿別人穿過的衣服，因為你感覺得到前主人的能量。你就是覺得穿別人的衣服不自在。

13. 你愛做白日夢，擁有豐富、深邃的內心世界，很有創意和遠見，需要創作的空間。

14. 你受不了加諸在你身上的常規、角色和控制。你性好自由，喜歡照自己的時間做自己的事情。

15. 你受到所有形而上和精神層面的事物吸引。

16. 你非常熱心助人。幫助別人給你很大的喜悅。

17. 你對自我成長和自我療癒很感興趣。你想更上一層樓。你想學習。你想有所成長。而且不只是自己的成長，你也很關注人類全體的發展，並熱衷於幫助全體人類一起進步。

18. 在某些特定的地點，例如聖地、戰地（即使沒有標示出來）或某個歷史人物生前的住家，有時你會感覺被前人的情感淹沒。

19. 置身於大自然中帶給你莫大的平靜和沉澱下來的感覺。

20. 你深愛花草樹木。即使沒有明顯可見的徵兆，你就是知道一株植物需要什麼——養分、水分、或移到某個特定的地點。

21. 你感應得到食物的能量，知道它是會為你補充能量，還是會消耗你的能量。

22. 你跟動物彷彿心有靈犀一點通，牠們就是會被你吸引過來。

23. 你總是很難融入社會或這個世界。人生中的很多事情在你眼裡都像看電視上的廣告，彷彿一切與你無關或無法套在你身上。

24. 如果靠近某個身體不舒服的人，你會感覺到他們的症狀——反胃、頭痛、畏寒，不管是什麼症狀。而且他們跟你接觸過後，離開時往往覺得好多了。

25. 你被人群包圍時很難放鬆。你會覺得放不開。你需要獨處和一個遠離其他能量的空間。如果不能擁有這樣的空間，你就會很煩躁。

26. 你特別難以忍受擁擠的地方，例如購物中心。

27. 別人覺得音樂要放得很大聲才享受，你卻覺得自己的神經受到火力全開的攻擊。

28. 站在別人旁邊時（不管是任何人或任何地方），有時你會錯把別人的思緒當成自己的。

29. 和人交談時，為了努力理解他們，你不知不覺就偏離了自己的思路，沉浸在對方的思路裡。

30. 有時候你會被不屬於你的感受淹沒。你走著走著，忙你自己的事情，突然之間，你就覺得悲從中來、心煩意亂，抑或幸福洋溢（這是最好的了）。

31. 由於你會接收到別人的能量，甚至地球上到處散發出來的能量，所以你很容易覺得恐懼和焦慮。往往一點點小事都會讓你恐懼、焦慮、難以承受或壓力很大。

32. 你沒辦法看恐怖、哀傷或氣氛低迷的電影或書籍，你會身體不舒服。

33. 你很容易分心，任何事都能拉走你的注意力（因為你什麼都會注意到）。所以，你在課堂上、開會時或派對上都很難專心。你絕不可能到咖啡館寫報告、為計畫書的細節做最後的潤色，或在部落格上大書特書。

34. 你常常覺得身心俱疲。你睡足八小時、喝很多的水、眼前也沒什麼困擾你的情緒問題，但你卻累得只想躺下來休息。

看看你的測驗結果：

- 如有一到九項的答案是「是」，那麼你肯定具有部分的共感人傾向。你不至於輕易受到他人的能量影響，但有時你也很難設下界線。所以，從能量方面下功夫可能對你有幫助，例如兩極療法（polarity therapy）、氣功、指壓、般尼克療法（pranic healing）和靈氣療法（Reiki）。你的直覺還不錯，尤其是跟你自己的人生有關的領域。你通常可以在棘手的情況出現之前就先感覺到。你擅長照顧自己，但可能對某些食物、汙染物和藥物很敏感。跟其他共感人不一樣，你在都市中很容易適應。整體而言，你的共感天性不會妨礙你追隨你的志向和渴望。你就是你自己。你能把自己和別人區分開來。
- 如有十到十九項的答案是「是」，代表你是中度共感人。在整體排名當中，你的得分屬於中段班。你有很強的直覺，喜歡親近大自然或水畔，偶爾也很享受都市生活，但需要到大自然中充電喘息。你擅長保護自己的氣場和能量空間，但別人的能量時不時也會影響你。接觸一、兩種前述的能量工作者可能對你有幫助。

- 你有二十到二十八項的答案都是「是」嗎？那麼你的分數在整體排名中相當高。你絕對稱得上是共感人。你的直覺很強，通常聽得出來別人在說謊。你不妨嘗試成為一位能量工作者或治療者，因為這就是你的天賦所在。你偏好置身於大自然中，能在水畔又更好。你尤其喜愛感受自然界的療癒元素。你具有影響周遭情緒、能量、氣氛和環境的天賦。你要針對「區分別人的能量和自己的能量」下功夫。你可能有反映他人能量的傾向。你的得分顯示學習運氣（疏通氣結，讓能量在全身上下運行）、接地（與大地相連）和保護你的氣場（根據韋氏大字典：「所有生命體散發出來的能量場」）對你有好處，這三點我會在第三章進一步詳談。

你愛助人、救人，樂於為這個世界療傷。然而，在這麼做之前，你要慢下來，先把自己照顧好。能量療癒對你自己也會有好處。

- 如果有二十八項以上的答案都是「是」，你就是一個不折不扣的共感人。你是我所謂的神祕家。你的直覺超強，總能聽出別人在說謊。你也是天生的治療者。你深愛大自然，對大自然充滿欣賞與感激，而且不知不覺就懂得了它的療癒效果。你能領略萬物展現的神性。你是真正的智者。你有影響和改變周遭情緒、能量、氣氛和環境的奇妙能力。

你要學著辨識和區分別人和你自己的能量。你把一切都攬在自己身上，覺得自己肩負全世界的痛苦與磨難。我之後在本書中會談到「愛自己」、「擷取內心深處的智慧」、「表達感激」、「和宇宙的意識之網相連」等通靈／共感冥想法，學習運用這些方法會對你有幫助。你也有反映他人能量的傾向，意思是你放棄自己的能量權（對自身能量的主導權），隨著這世界變來變去的風向搖擺。換言之，在能量的層面上，別人對你的控制和影響太大了。舉例來說，你可能很快樂、很滿足，但有個朋友情緒低落，覺得自己很悲慘或心裡很恐懼，你就會讓那份情緒綁架你自己的情緒，讓他的恐懼和憂傷凌駕於你的快樂與滿足之上。學習掌控自己的能量和設下更強的界線對你有好處，我在第三章和第六章會專門探討這兩件事，全書各處也都會談到。

無論你在這裡測出什麼結果，無論你落在敏感／共感光譜的哪個位置上，透過閱讀本書的故事、實例、冥想和練習，你會發現這本書有助你學習增強直覺、鞏固界線、發揮共感天賦、拿回你的力量、成爲眞實的自己。

練習

開發直覺力的靜心冥想

這個冥想法帶你從「學習聆聽自己的直覺」來到「信任直覺告訴你的訊息」。另請參閱我在前言中對各章末尾的靜心冥想提出的指示。

「且容我認出直覺發出的細微嗓音。

無論是透過言語或畫面傳達給我，我注意直覺傳來的訊息。

我注意自己有什麼感覺，例如平靜、安定、如釋重負。

我重視這些細微的思緒、畫面、知覺和感受。我知道這是我的靈魂跟我交流的方式。

我覺得很信任也很放心，因為我知道聽從我的直覺是為了我好。」

2

身為共感人，是福還是禍？

真言：

「敏感是我的超能力！」

身爲共感人雖有許多強大的天賦，但伴隨著天賦而來的可能是莫大的痛苦。我活了大半輩子都不明白自己是共感人，如果你就像以前的我一樣還沒明白過來，那你有可能活得心很累。一旦不能討好每一個人，你就覺得自己有問題。你覺得自己做人很失敗。你看輕自己的價值，不覺得做你熱愛的工作應該得到報酬。就算知道自己是共感人，除非懂得駕馭你豐沛的直覺感應力，否則這種能力反而會妨礙你充分實現自我，因爲你總是把別人看得比較重要。

我們的不幸，在於把別人和自己的需求與情緒混爲一談；我們的悲哀，在於必須讓大家都滿意了，然後我們自己才能滿意。這就是爲什麼我們會讓別人的問題擾亂自己的心緒。這也是爲什麼我們總覺肩上背負著重荷。如前所述，我們也爲了融入這個世界而苦苦掙扎，因爲這個世界不是爲我們設計的——我們是活在五感世界的六感人。

我們的幸運或天賦就包括那份讓我們這麼難過的敏感。是那份敏感讓我們與另一個世界相連（詳見第三章），也是那份敏感給了我們敏銳的直覺、天生的療癒能力，以及很容易付出愛、不費吹灰之力就能安慰別人的能力。此外，共感人往往深思熟慮、嚴謹認眞、體貼入微、富有創意，而且天生善於傾聽。

在這一章當中，我們要來看看伴隨這些特質而來的主要壞處。到了本章結尾，我們則要看看這份敏感的美好之處，以及這份敏感能如何幫助我們擁抱眞實的自己。

對批評退避三舍、對讚許上癮

大家小時候都聽過「棍子和石頭可以打斷我的骨頭，但言語永遠傷不了我」這句話，對共感人而言，這句話說的可不是他們。批評的言語會在共感人心裡不成比例地放大。舉例而言，假設有人告訴一個自信滿滿、熱愛人生的小女孩說：「你如果不要這麼吵，大家就會比較喜歡你。」不那麼敏感的孩子聽了可能不以爲意，覺得那只是壞脾氣的大人需要一點清淨而已。比較敏感的孩子就可能沉默下來，把這句刺耳的評語放在心上，當成一個只要她做自己就不討人喜歡的訊號。

我很差勁、我不配、我不好等等負面的念頭一遍遍在你腦海迴盪。每當別人批評我，或甚至是當我批評自己的時候，我的胸部、腹部和頭部都會有生理反應。有時我心跳加速、渾身燥熱、臉部泛紅。許多我的讀者和學生說他們也是這樣。有人還告訴我，面對在他們心目中認爲是批評的言語時，他們會感覺到血壓升高、雙腿發軟，甚至頭暈目眩或眼冒金星。

無怪乎我們會用盡辦法避免受到糾正或反對。然而，爲此我們卻有可能變成一味討好別人的迎合者。有一件事很重要，你一定要明白：當你竭盡所能迎合別人的時候，就是在把你的力量交出去，讓給身邊的每一個人。你開始做別人要你做的事，或是去做可以得到別人認可的違心之事。

一旦對別人的認可上了癮，我們也會失去力量，遠離自己的內在指導系統，而這跟避免受到批評是一體兩面。看看以下的例子是否說中了你的情況：

有人說你做得太好了，你有特殊的才華或絕佳的見解，於是你心想：「天啊，我終於有點價值了，我終於做對一件事了。」而後當讚賞不再，你就失落不已，敏感到產生身體上的症狀，例如產生戰或逃反應，導致心跳加速。而且你馬上就開始懷疑：「我做了什麼？爲什麼他們不再讚賞我？或許我太自以爲是了？我怎麼會自我感覺那麼良好呢？我居然以爲自己很棒，眞是太丟臉了！」

聽起來似曾相識嗎？

我們可能變成讚賞的奴隸，受制於不再給我們讚賞的人。針對這一點，我還會在全書中談得更多。但目前你只要知道：這本書會幫助你更有效地面對批評，並專注在自己的內在指導系統上。

淪為腳踏墊的捷徑

由於我們有迎合他人的傾向，我們常容易成爲社會上的弱者或腳踏墊。如果你曾經爲了不是自己的錯道歉、假裝同意大家的意見（只因你不喜歡跟大家意見不合）、不敢說「不要」、或覺得自己對別人的感受有責任，那麼你一定懂我的意思。腳踏墊性格導致我們無所不用其極的避免衝突、爲了取悅別人而攬下不想做的事情，並和我們不合拍的人保持良好關係。這些傾向都會導致我們偏離自己的心意，順從別人的渴望。

我在帶領靜修營的時候，一位學員站起來分享她和她老公的故事。這位學員名叫溫蒂，她和老公已結縭三十載。溫蒂將雙手交疊在肚子上，小心翼翼地環視整個房間，然後說：「我嫁給一個自戀狂。喔，我嫁給他的時候並不知道。他是那麼有魅力，但根據我讀的相關資料和心理師的說法，他就是自戀狂無誤。後來他拒絕再跟我去看那位伴侶諮商心理師，因為『她不知道自己在說什麼』。我處處以和為貴，做盡一切討他歡心，感覺如臨深淵、如履薄冰。我做什麼在他眼裡都是一種冒犯。每當他走進門來，我的心就往下一沉。」

她站得更直一點，接著說：「整段婚姻從頭到尾，他對我們的關係都沒有貢獻。他反正就是那個樣子。有一次他生病，我們覺得他可能熬不過去了，我陪在他身邊，照顧他到病好了為止。但幾年後，換我生病了，他卻一副嫌我很麻煩的樣子，彷彿我生病造成他的累贅……他打了我。」她盯著地板說。

我問：「溫蒂，你爲什麼不離開他？」

「我不想惹他不高興。我對他還有感情！」

她全心全意討好他到完全失去自我的地步。她自己的需求對她來講再也不重要了。

我對溫蒂的處境感同身受、很有共鳴，可能是因爲我本身的文化背景（我在新加坡出生，但在香港長大，當時香港還是英國殖民地），再加上我和性別不平等交手的經驗（詳見第十章）。

我的雙親都在印度出生長大，所以血緣上我是印度人，也在印度文化的規範下成長。其中一個規範就是父母之命、媒妁之言，你要跟父母挑選的對象結婚。從我的前青春期開始，一直到一九八〇年代初，他們都極力栽培我成爲一個所謂的好太太。八〇年代早期，我是辛蒂．露波（Cyndi Lauper）的狂粉。以前我會模放她的言行舉止和穿著打扮，把頭髮噴成螢光粉紅色和亮紫色，穿著浮誇的衣服，一遍又一遍隨著〈女孩只想玩樂〉（Girls Just Want to Have Fun）的旋律跳舞。這首歌儼然成爲我的自由之歌，因爲它代表著女力、自我主張和自我表達——我人生中追求的一切。將我內心的辛蒂．露波表現出來，讓我覺得自由又狂放！

但辛蒂．露波——她的自由、她毫不害臊的自我表達——和我「應該」成爲的那種淑女相反。我的雙親懇求我穿得更「印度」或至少保守一點，我的父親尤其如此。而我因爲是共感人，所以在年輕的歲月裡內心越來越衝突。父母深怕我會淪爲敗犬或剩女，我不想讓他們傷心或失望。他們老是擔心別人對我的觀感。我開始把他們的擔憂內化。「讓他們失望」最終幾乎變得跟「走他們爲我鋪好的路」一樣難以承受。

澄清一下，家父家母是一對很慈愛的父母，想看我照他們的習俗嫁人也不是什麼狠心的要求。他們眞心相信這是愛我的表現，不明白對我來講要符合那些規範就得收斂自己的光芒、把自己變得卑微渺小、忽視眞實自我的內在召喚。同樣的，當時的我也不明白共感人的天性讓我越來越難說「不」，拒絕他們總是讓我有罪惡感。

爲了取悅父母，我很難在「我想要的人生」和「他們對我的期望」之間保持清楚的界線。久而久之，屈從父母的期望擴大成了滿足身邊每一個人的期待，包括我的同儕、我的同事，甚至是陌生人，最後演變成全世界。我受不了來自任何人的否定，無論是學校老師、某個朋友，還是轉角那間店鋪的店員，我都會做盡一切贏得他們的認可。

小時候，我很害羞內向。我念了一所主要都是英國僑胞的學校，除了我之外，所有人都是白人。我是棕色人種。開始在那所學校就讀之前，媽媽帶我去見校長做入學面試。緊抿著嘴、眉頭深鎖的校長看起來很嚴厲。她的態度彷彿在說：如果她給我機會在這所權威教育機構就讀，我應該要覺得自己運氣很好，我要努力證明自己配得上這種特權。身爲一個敏感的孩子，我憑直覺就知道她對我的觀感，這也爲我早年的校園生活定了調。我常受欺負或許也不奇怪，因爲我一開始就受到誤導，落入自卑的圈套，自認不配、不值得，只等著受人宰割，就像寓言故事中的待宰羔羊。

我一路懷著那份自卑進入青春期和青年期，一心認為我要很努力才能獲得肯定，所以即使受到惡劣或不公平的對待，我非但不會為自己挺身而出，反而還會對別人更好，好讓那些不尊重我的人肯定我。漸漸的，我內心的辛蒂．露波沉默了，長期的內在衝突開始了。只要試圖跟家父討論我渴望追求的夢想，最後的結果就是吵架，所以我也把那些夢想藏起來了。

我知道許多人都會對這些遭遇有共鳴，但好消息來了：你不必再當一塊腳踏墊，只要你轉換到這個充滿力量的全新境地。仔細看好了！

陷入受害的處境

由於共感人會把自己的力量交出去，所以我們也很容易落入受害者心態，覺得自己彷彿受到社會全體的錯待。如果你真的受到了傷害或虐待，說出來是很重要的，但除非你拿回對人生和自身處境的掌控權，否則你就走不出來。儘管有些創傷比較難平復、有些陰影比較難走出來，但你務必要知道：沒人需要永遠當個受害者。我們必須以拿回人生掌控權爲目標，包括在必要時尋求專業協助。

然而，有些人沒有那麼強的動機要走出受害者心態、拿回自己的人生，尤其是濫好人和腳踏墊人。以受害者自居的老招，讓我們在人生中不必積極進取或冒險犯難。怪罪於別人或外在因素可以保護我們不受批評，否則那些錯誤就會被視爲我們自身的缺失。

對一個迎合者來講，抱持受害者心態有很多好處，例如：

- 大家都會同情你。你不必提出要求，別人基於同情就會比較願意配合你。
- 你不去要求或勉強別人還比較容易得到你想要的。
- 受到批評的可能性會降低，而我們都知道迎合者有多怕被批評。
- 受害者心態給你不採取行動的好藉口。

換言之，受害者心態變成迎合者保持消極被動就能如願以償的工具。諷刺的是，通常就是這些迎合者本身在餵養自己的受害者心態、陷自己於受害的處境。

在我帶領的一場工作坊中，五十出頭歲的雪莉分享了她八十七歲母親的故事。就雪莉記憶所及，她母親都跟先生和孩子們說自己心臟不好，不久於人世了。「我們盡力滿足她的所有需求，人仰馬翻只爲討她歡心。我們都希望她在剩下的日子裡過得開開心心，沒人想刺激到她，害她心臟病發作。但『剩下的日子』卻沒完沒了越來越長，她八成比我們所有人都健康。」

小時候，雪莉因爲是乖乖聽話的那一個而受到獎勵。順從是迎合者的一大標誌。她說：「我一輩子都在努力討好我母親，不惜一切代價避免惹她不高興，總是很怕她會早逝。」雪莉說她的兄弟姊妹後來都去過自己的生活、忙於開創自己的人生，她卻總是隨傳隨到，屈服於母親的需求之下。唯獨她是被母親不斷呼來喚去的那一個。她說：「我羨慕兄弟姊妹的生活，他們高興去度假就去度假，說走就走，我卻不忍心離開。萬一她就在我離開的時候出事呢？」

雪莉自己的健康也有狀況，但她還是以她母親的需求爲優先。

我絕不是說父母（或任何人）需要照顧時我們不該隨侍在側，然而，在這個例子當中，雪莉指出了一種自幼養成的親子關係和相處模式，這種關係和模式就建立在不當的受害者心態之上，如今已經導致雪莉心生不滿了。爲了獲得家人的關愛，她母親需要扮演受害者的角色，而雪莉這個迎合型女兒（共同受害者）沒辦法說「不」。

如果你的處境類似，你可以透過更重視自己和學會說「不」來打破這種模式，我之後在本章及全書其他地方都會再談到。

飽受感官超載之苦

身爲共感人，我們的感受很容易超載，因此導致我們遁世離群。我們先從辨別感官超載的各種形式開始吧。太多的工作、人潮、噪音，甚至只是看到或遇到任何形式的暴力，不管眞實或虛構，我們的感官都可能承受不了。共感人在身心雙方面都會感同身受。我沒辦法看《冰與火之歌：權力遊戲》（*Game of Thrones*），因爲我的身體眞的會不舒服，而我有半數的聽眾都有一樣的感覺。

總有人寫信跟我說他們受不了看電視，因為播出的內容很暴力或很悲慘，尤其是新聞報導。在這個美麗的星球上發生的傷害令他們不忍卒睹。一位在新聞媒體公司任職的女性聽眾來信說，她本來不明白自己為什麼老是生病，直到她來聽我說了一場有關共感人及其特徵的演講，這才把前因後果兜了起來。她說那是她恍然大悟的一刻，因為她幾乎符合共感人的全部特徵，而且一天到晚接觸犯罪事件的相關消息，使得她的感官超載了。一旦明白過來，她就開始在工作日當中不時靜靜休息，下班後再泡個熱水澡好好放鬆，緩和自己受到的衝擊。不久之後，她就轉調到做專題報導的部門，從此便沒什麼問題了。現在她熱愛她的工作。

不消說，在我們這個高科技時代，感官超載只是點一下滑鼠的事情。在人類歷史上不曾有過這麼源源不絕的訊息流量（有些人會說是洪水！）。全天候播放的新聞、有力人士的推特和貼文、每個人對每件事的意見……我們時時都在線上，時時都在待命，不斷吸收時而煽情、時而聳動、時而駭人的訊息。同時，我們也暴露在前所未有的酸言酸語之下。隨著線上的爭吵和筆戰如火如荼地展開，從小老百姓到總統紛紛加入戰局。我們一天要點滑鼠無數次，點著點著，我們就把無所不在的訊息激起的恐懼和焦慮給內化了。

感官超載也會以「他人」的形式出現，尤其是在情感上予取予求或情緒失調的人。當感官超載是他人造成的，共感人往往很難從這段關係中脫身，因爲我們怕讓別人失望，尤其是一開始好好的但最終超過負荷的情況——長期照顧病人或有需要的人（包括需要特別協助的親人）、陷入受虐的關係中、面對不公平的老闆或不良的工作環境。這些情況都會引發暗潮洶湧的衝突情緒，尤其如果有我們愛的人牽涉其中。

共感人之所以容易感官超載（並因此容易迷失自我），有一個原因在於感官超載不只是抽象的感覺。共感人的身體是眞的會有感官超載的生理反應，即使本質上超載的是情緒。換言之，周遭旁人的生理症狀會在我們身上顯現，更別提任何一個環境中的能量了。之所以發生這種情形，是因爲我們往往無法區分別人和自己的情緒。想像一下，只因別人來到你能察覺到的範圍內，你就接收了他們的喜怒哀樂，而且你未必明白這些不是你自己的情緒。

這也是爲什麼共感人常在擁擠嘈雜的地方感覺到感官超載。共感人似乎會把周遭的能量吸收到自己的能量場中，所以走在擁擠的都市和商場中肯定會讓我們筋疲力竭。長時間的感官超載有可能讓我們疲憊不堪、容易頭痛或導致更嚴重的疾病。我就是這樣才會罹患癌症的。

現在，想像社群媒體的消息每分每秒源源不絕地湧入生活中，這些消息本身就很沉重，往往是一些災難新聞，而我們就這樣把全世界的焦慮都給內化了。可想而知，在你能夠區分別人和自己的情緒與思緒之前，在你失去自我認同感之前，別人在你的能量場中引起的恐懼、焦慮和壓力，你吸收得了的就這麼多，多出來的就超出負荷了。

在別人的情緒中迷失的傾向，使得我們養成以和爲貴、迎合他人的性格，因爲衝突也會導致感官超載。但避免衝突又導致別的問題，例如忽視自己的需求、畏懼批評、把挫折感憋在心裡、深恐別人失望就不說實話、壓抑眞實的自我，於是惡性循環就開始了——人際關係一場糊塗，因爲我們不去學著化解衝突。化解衝突是一項需要學習的技巧，而我們必須從與衝突共處開始，而不是從避免衝突開始。

有時，我們其實會用強硬的外表保護敏感的內在天性，看起來好像跟迎合型共感人以和爲貴的作風相互矛盾，但別被騙了。我們用這種方式保護自己不要受到感官超載的猛烈攻擊，形成我稱之爲「硬殼」的獨特應對機制，以此抵擋痛苦。這些硬殼創造了一層層的保護膜，將纖細敏感的自我包住。感官越常超載，我們形成或累積的硬殼就越多層。

這些硬殼也包括冷淡和疏離（使得我們很難與人親近），或藉由酒精、藥物、暴飲暴食、賭博來逃避。環境越惡劣，我們就越有可能多加幾層硬殼，保護自己不受外界的傷害。

在這種情況下，就連我們採取的積極作爲（例如加入十二步驟戒癮會❶或去

❶十二步驟團體療法（twelve-step programs）最早由美國匿名戒酒會提出，用來協助戒除酒癮、毒癮、菸癮等上癮行為，詳細做法可參閱《十二步驟的療癒力：擺脫成癮，啓動轉化》一書。

上密集的身心靈自助課程），可能也只是爲自己添加更多層硬殼。（當然，不容否認，十二步驟和類似的療程對無數人都有正面的效果，要到戒癮之後他們才能處理內心眞正的癥結所在。）換言之，這些硬殼或許有助於處理上癮的問題或幫助我們設下更明確的界線，然而，這些硬殼未必能直搗問題的根源，而問題的根源就在於我們對感官超載很敏感。

接納自身敏感的天性

說到這裡就矛盾了。身爲共感人，我們跟無形世界（另一個世界，看不見的國度，我瀕死時去過的地方，在時間與空間之外，我們在那裡都是一體相連的）的連結比一般人更強。我們想要追隨那道指引的意圖更強烈，而這正是我們的強項。

當你追隨高我的呼喚，一切就會神奇地迎刃而解。

當你把自己的力量交給外界時，你就跟內在的高我斷了連結，你的人生便開始每況愈下。這種矛盾（「我們和高我的連結」相對於「我們把力量交給外界的傾向」）造成的痛苦，有可能導致共感人爲了別人的眼光而改變自己。爲免受到任何批評或爲求獲得認同，共感人於是徹底推翻原本的自己。只要能減輕痛苦，我們不惜一切代價。天生的敏感伴隨著推翻自己以融入五感世界的需求，結果就可能導致憂鬱症、自殺傾向、或用藥物作爲逃避內心痛苦的途徑，因而形成藥物依賴。而誰對痛苦的感受比任何人都更強烈呢？共感人。

回顧回來，在死而復生之前的我，就是爲批評的聲音交出了自己的力量。我阻止自己的敏感，偏離了自己的軌道。共感人有時確實會努力不要敏感，但這麼做終究沒有幫助。你的敏感爲你打開了六感的世界，這個六感世界和另一個世界相連。阻止自己敏感就擋住了來自另一個世界的訊息。重點在於意識到你把自己的力量交給外界了，並開始把力量還給你的內在世界或高我。

如今我很有意識地轉向內在，時時傾聽內在的指引。我之所以分享這一切，是因爲我想讓你也學會傾聽內在的自我。這是你的救贖。這是你的目標。這是你眞正能扭轉人生、與人爲善的辦法。唯有如此，你才能充分發揮讓你那麼體貼、善良、獨具慧眼又寬大為懷的天賦，把連接你和另一個世界的天賦表現出來。

我不禁想起知名的義大利藝術家米開朗基羅。有人問他怎麼能用這麼粗糙的大理石雕出這麼精美的天使像。他說：「天使一直都在，我只是把石頭鑿掉，放裡面的天使自由。」所以，我們不妨想一想：萬一你那敏感的自我其實是在大理石中掙扎的天使，亟欲獲得自由呢？萬一要跟內在的神祕家保持密切往來的辦法，就是鑿掉你所累積的層層硬殼呢？換言之就是鑿掉大理石、放自己自由。學習雕琢天使的天賦、不再將天賦深埋於大理石中，對我們不是比較好嗎？

練習

擁抱敏感天賦的靜心冥想

這個冥想一開始可能感覺有點彆扭，你可能不相信自己說的話，但請堅持下去。

一段時間過後，或許是過幾分鐘、幾天、幾星期，你就會開始相信這些話，擁抱身爲自己的美好。

「在我眼裡，敏感是我的長處和超能力。
敏感是我這個人的一部分。
我愛自己、接納自己。
我不再需要透過別人的肯定，就能接納自己或那份敏感的天性。
我不再爲了生性敏感而自棄或自責。
我的敏感是有意義的。
我的靈魂選擇我來體驗世間種種是有理由的。
敏感是一顆稀世罕有的寶石，我很榮幸擁有它。」

【第二部】

你和自己的關係

3

身為共感人，如何活出極致？

眞言：

「我就像水，既柔又強。」

擁抱你的六感自我可以擴大你的世界。如同我在第一章打過的比喻，當你睜開眼睛，一切都更鮮明、更強烈了。若是長年壓抑自己的本質、限制自己的獨特之處，你一定會被滿腔的感受、情緒和想法淹沒。允許自己去感受一切，而且感受得更深刻，你會發現有許多人事物都會帶給你痛苦，但也會帶給你莫大的喜悅，而自由就在那份喜悅之中。

同時，擁抱六感自我的人也表示他們在生活中碰到更多心想事成的巧合。他們覺得冥冥中受到了指引。他們不再覺得自己卑微渺小、格格不入，不再將共感人的天賦視爲必須不惜代價藏起來的缺點，轉而全心全意擁抱自己的特質，把自己的特質視爲天生麗質，視爲一種絕無僅有、獨一無二、值得自豪的天賦。

擁抱身爲共感人的天性，一切看起來都會不一樣。你的人生有了更深刻的意義。你覺得自己有目標。你感到莫大的喜悅——那是一種回歸眞實的自我、和周遭的神祕世界關係更緊密的喜悅。睜開你的眼睛絕對是値得的。但你要有因應這種高度覺知的辦法。

我在前面提到過，歷經死而復生，後續又在哥斯大黎加和薩滿聊過之後，我手頭沒有可用的工具——沒有一本指導手冊，沒有可遵循的操作規範。然而，我不想要關閉自己的敏感。當初我之所以落入罹癌的險境，就是因爲我否認一部分的自己。我不希望一樣的事也發生在你身上。所以在這一章當中，我要給你我的祕密武器，接下來閱讀本書的其餘內容時，你就會有一個迎向敏感、擁抱敏感的基礎，並在閱讀過程中找到自己的力量。

二十四小時不插電生活

外在的世界紛擾喧鬧，所以，磨礪自身力量的第一步，就是學習有效處理感官超載。我們必須釐清並疏通那些堵住內在指引系統的障礙物，爲此，我們要把外在的雜音調小聲，才聽得見內在的心聲。

你可以從一個簡單的動作開始：每週至少有一天，把所有電子用品關掉二十四小時。是的，意思就是關掉電視、手機和電腦，一星期有一天，只接緊急的電話。

你可以慢慢增加到一星期兩天，就像斷食一樣，你的身體會開始排毒，排除所有我們不斷「吃進去」的噪音和資訊。如果沒辦法整整一、兩天都完全「不插電」，你也可以發揮創意，或許是每天晚上不插電三小時，或許是一早起床先不插電三小時。試試看對你可行的做法，無論怎麼做，只要能讓你鬆一口氣就好。

切記，社群媒體的問題比其他形式的媒體更嚴重，因爲它無所不在。透過各種電子用品，我們二十四小時都跟社群媒體保持連線。收到訊息就急著立刻回覆，無形中也變成一種壓力。到處充斥著持續不斷的干擾和令人分心的事物。有些人對智慧型手機著迷到邊開車邊傳簡訊，眞的名副其實是在冒生命的危險。我們從早到晚一點一滴將社群媒體上的訊息內化，並時時對或眞或假的危機保持高度警覺。這些危機有可能是爲了賺點閱率而被誇大了，因爲「恐懼」是一種熱銷品！

我因此很不喜歡電視上沒完沒了的「新聞快報」。有時只是某個名人或政治人物發的一則推特，也跟地震、校園槍擊案或戰爭等攸關生死的大事占據一樣的播報時間，被賦予一樣的嚴重等級。這種不公正、不平衡的感覺又增加了感官負擔。藥品廣告也一樣，有些廣告聲稱的副作用比那些藥要處理的症狀還嚴重。這些廣告本身就不健康，與它們追求身心健康的本意相違背。

喬・迪斯本札醫師（Dr. Joe Dispenza）在他的著作《你就是安慰劑》（*You Are the Placebo*）中提出：種在我們腦海中的念頭最終會開花結果，尤其如果是一再重複種下的話①。所以如果不斷受到有關疾病的訊息轟炸，而我們本身又是易感體質，我們的身體就更有可能生一場大病（我會在第六章談得更詳細）。如果不斷受到悲劇與死亡的新聞轟炸，我們的焦慮心理也可能全面大爆發。如果你是生性善感的共感人，受影響的強度則又加重了無數倍。

我們也會把憤怒的網路酸民和惡意的留言者放在心上，將他們吐出來的酸言酸語和嗆辣言詞內化。這些酸民唯一的目的就是在網路上吵架、搗亂、帶風向或貼一

---

① Dr. Joe Dispenza, *You Are the Placebo: Making Your Mind Matter* (Carlsbad, CA: Hay House, 2014), Kindle edition, loc. 1166. 47.

些煽動性的內容。惡意的留言者則利用網路匿名的特性，得到了爲所欲爲的力量。身爲共感人，我們一定要忠於自己同情共感的天性，不要覺得爲了對付酸民就要變得跟他們一樣。

我不是說要對抗感官超載就得把頭埋在沙子裡，而是說我們需要的只是少吃一點「媒體大餐」、騰出一個清淨的空間。這是和內在嚮導保持聯絡唯一的辦法，也唯有和內在嚮導保持聯絡，我們才能對人類有更大的貢獻。

和內在的神祕家連線

拿回力量和強化天賦的下一步，就是去聯絡你的內在嚮導，我也把它稱之爲「內在的神祕家」。只要練習「與自己連線」，你的腦海和心裡很快就會多出額外的空間，不再充斥著令人壓力沉重、超過感官負荷的思緒。

這就像是本來沒有察覺冷氣機的噪音，直到有人把冷氣機關掉，你突然就「聽見」了那份安靜。你會跟自己有更深刻的交流，並在生活中注意到更多心想事成的巧合。例如你可能正在想著某個人，對方就打電話來了；或者你琢磨某個問題好一陣子了，突然有人在不經意間給了你答案；又或者你正在想一件事，收音機突然傳來一首歌，歌詞似乎隱藏著什麼涵義，剛好適用於你的情況，你就這樣有了解決事情的靈感。

你也會開始覺得冥冥中受到更多指引，生活中有更多的覺察。你可能突然想清楚要怎麼對付難纏的同事或家人了。如果你是藝術家，無論是音樂、視覺藝術、寫作或哪一門藝術，你會更容易靈感大開、靈思泉湧。這是因爲你騰出了空間，讓冥冥中的指引進入你的能量場，不再讓那個空間充滿不屬於你的能量。

我們隨時隨地都能傾聽內在的心聲、擁有澄澈的心境。疲於奔命、壓力山大、訊息超載的感官卻常常從中作梗，久而久之，我們就開始覺得這是正常的，甚至身心雙方面都吸收了別人的恐懼和壓力，卻渾然不知這些負能量不是我們自己的。這就是爲什麼我們一定要有一套辦法，既肯定自己的敏感天性，又拿回自己的力量。

共感人往往天生就有敏銳的直覺和悟性。茱迪斯・歐洛芙醫生在《共感人完全自救手冊》一書中寫道：跟高敏感族不一樣，眞正的共感人「感受得到細微的能量，也就是東方療癒傳統中所謂的『性力』（shakti）或『命根氣』（prana）」②，有些人「有深刻的精神體驗和直覺體驗，甚至能和動物、大自然及自己的內在嚮導溝通」③。

我內心絕對存在一道指引的聲音，我接觸過的共感人也是如此。你可以稱這道指引爲內在的神祕家、神、自我、高我，只要合你心意就好。打從小時候起，我就有這道內在的聲音。少女時期，我會聽到它在我的腦海裡講話，帶領我度過最難熬的時光。像是我被霸凌的時候，那道聲音會說：「別怕，他們比你弱。現在看起來可能不是那樣，但有我們在，你很安全。」但我未必會擁抱那道聲音。事實上，有時我很怕它，因爲它似乎和來自外界的聲音相違背。後來有很長一段時間，我失去了它的蹤影。

共感人猛把別人的身心痛苦內化，這不只造成更多的靜電干擾、讓我們離內在的神祕家更遠，也會耗損我們的元氣、導致我們生病。以我爲例，我眞的差點因此喪命。要是學會擁抱內在的聲音，注意聽它對我說的話，我覺得我的人生會很不一樣。

內在的神祕家是心裡的一套指引系統，它接通你和靈魂之間的對話，透過與靈魂溝通幫助你平安度過外界的風暴。它用一種超越信仰、宗教或教條的方式，讓你和宇宙接上線。這就是爲什麼我們一定要重視那道聲音，即使這意味著違背別人對你的期望。

我們之所以壓抑那道聲音、和內在的嚮導或神祕家失聯、交出自己的力量，主要的原因有三：一是不想受到批評，二是需要得到認可，三是身心靈老師麥特・坎恩（**Matt Kahn**）在《一切都是爲了幫助你》（*Everything Here Is to Help You*）一書中寫到的：因爲共感人相信「自己要跟別人一樣，才會比較受人喜愛」④。好多苦

---

② Judith Orloff, MD, *The Empath's Survival Guide*, loc. 104.

③ 出處同前，loc 108.

④ Matt Kahn, *Everything Here Is to Help You: A Loving Guide to Your Soul's Evolution* (Carlsbad: Hay House, 2018), Kindle edition, loc. 77.

惱了一輩子的讀者都寫信跟我談到這三個問題。

小時候，我一直有種很神奇的感應力，彷彿就是能夠感應到我不可能知道的事情。雖然那一切都被家人斥之爲我的想像，但他們還是不能否認我跟別人不一樣。例如電話一響，還沒人去接，我就脫口而出說是誰打來的。每次都被我說中，而且我不是用猜的——我就是知道。當時還是沒有手機和來電顯示的年代。有時候，我隨意哼起一首歌，我哥打開收音機，剛好放的就是那首歌。有一次，爸爸去日本出差回來，我跟我哥說：「我等不及了！爸爸要給我們驚喜。他從日本買了一隻狗狗玩偶給我、一架玩具投影機給你。」我無從得知這一切，但毫無疑問，他出差時買給我們的就是這兩件禮物。

我以爲每個人都是時時受到這種內在聲音的指引，而且我深信靈性是我們與生俱來的東西，孩子生動的想像力、看不見的朋友、察覺他人感受與情緒的能力都是證據。他們就彷彿有一隻耳朵專門用來傾聽內在的聲音，也會憑空冒出最不可思議的見解和智慧。然而，就像我說的，他們很快就會失去這種感知力，因爲旁人會斥之爲天馬行空的想像。爲了融入這個世界，他們最後就收起這份敏銳的直覺。

最近，在我每週爲臉書直播觀眾拍的一支影片中，我聊到這種和另一個世界的交流，並請觀眾寄他們自己的故事過來。我得到了踴躍的迴響。瑪莉亞描述了夢到她母親的鮮明夢境。她母親雖然跟她住在同一個國家，但離得十萬八千里遠。夢中，她母親在呼救。瑪莉亞驚醒過來，意識到自己夢見了母親的求救聲。她試著回去睡覺，但卻隱約覺得不安，因爲夢境太眞實了。第二天早上，她從家人那裡得到消息，說她母親半夜去上廁所跌倒了，只能倒在地上呼救，幸好最後有人聽到跑去救她。結果她摔斷了髖骨。現在她沒事了，一切都很好。但當瑪莉亞的母親倒在地上呼救時，她心裡一直想著她女兒，擔心如果沒人聽到，她就會死在那裡。瑪莉亞說：「要是又發生諸如此類的事情，我一定會更注意。我當時可以打個電話找人去看看她的。感謝老天有人去幫她了。」

陳先生則寫道，有天夜裡他在開車，靠近一個十字路口時，他這邊的紅綠燈是綠色的，於是他開始加速，因爲他想趕在燈色轉紅之間衝過去。突然間，他聽到一聲：「停！」他不知道這聲音是打哪兒來的。聲音不大，甚至聽不見，但它來得很突然，嚇人一跳，而且在他聽來清楚得很，於是他就緊急踩煞車。說時遲那時快，一輛體型龐大的聯結車闖了紅燈，就從他面前衝過十字路口。陳先生要是沒停下來，他可就沒命了。

每個人都有關於不詳的預感、夢到生病或過世的親人、兒時強烈感應到看不見的世界之類的故事。然而，許多跟我分享經驗的人都說，他們不能敞開來聊這些事情，省得別人覺得他們怪怪的。

自古以來，哲學家和神祕主義者就主張：從「另一個世界」來到這個世界時，我們還知道那個世界的存在，只不過後來很快就把它給忘了。共感人一族常和那個虛無飄渺的世界接上線，總是隱約渴望著那個我們無法定義的「他方」。在我的經驗裡，內心懷有這份深切渴望的人，似乎就是沒辦法在一個地方待得太久。到頭來，他們往往用盡一生追尋一個根本不存在於這個有形世界的地方。他們是那些在辦公室裡失神望著窗外遼闊的天空、渴望身在別處的人。他們是那些在教室裡浮想聯翩的孩子，心思不在課桌上打開來的課本中，而是到遙遠的國度神遊去了。這份對於某個莫可名狀的世界的渴望，或許就是詩人葉慈在〈世界形成之前〉（Before the World Was Made）這首詩中說的：「我在尋找的那張面容／是我在世界形成之前的模樣。」⑤

我們之所以要多多和內在神祕家聯絡，道理就在這裡。傾聽內在指引的人很能活在當下。從砌磚工、郵政人員、藝術家到治療師，無論從事什麼職業，他們彷彿對人生充滿了喜悅，覺得「這就是我生來要做的事」。他們遵循靈魂的呼喚。

請接受內在世界的真實。它是真實存在的，而你必須賦予它權力。來自內在世界的指引並非只屬於雀屏中選的少數人。宇宙間並沒有一個指引委員會在那邊開會說：「嗯哼，我們要挑她嗎？那就選她吧。不然選他也不錯。」然後委員們就把沒

⑤ William Butler Yeats, *The Winding Stair and Other Poems: A Facsimile Edition* (New York: Scribner, 2011), 81.

中選的人都拋諸腦後。其實每個人都可以得到這份指引，但爲了收到訊號，你得調到對的頻道。內在的嚮導時時都在對我們發出訊號。我們越常調到內在嚮導的頻道，內在嚮導傳來的訊號越多，我們聽到的指示也就越多。訊號一直都在，是我們選擇要聽多、聽少，還是根本不去聽。

在接下來的章節裡，我會探討共感人要如何接通、擁抱和強化我們跟內在神祕家的交流，眞正掌握屬於我們的獨特力量。

與宇宙的意識之網相連

一旦和內在的神祕家連上線，你就可以把觸角伸出去，和宇宙意識相連。我從瀕死經驗中學到，我們自然的狀態是從人生中的孤單、愧疚等沉重折磨下解脫的自由狀態。浩瀚的宇宙是我們自然的家園，越是解開或超越種種情緒的禁錮，我們就越能感受到和內在神祕家及整個宇宙的交流。

就像電力雖然看不見，但它永遠都在，只要我們插上插頭就能通電。無限自我的直覺智慧也是一直都在，只要我們選擇跟它接上線。透過解決和清除拖累我們的情緒負擔（詳見第八章），放下過去的恩怨，原諒傷害我們的人（這不代表容忍他們的行爲，亦不代表即使不願意也容許他們的存在），感激一切美好的事物，對任何帶來輕盈感、解脫感或自由感的事物都心存感激，我們就能接通內在的智慧。

我稱無限的自我爲我們與純粹意識的連結，而我將意識視爲一張巨大的網，把所有人連在一起。我從瀕死經驗學到的其中一件事就是，我們都是一體相連的，就彷彿共同交織成一張巨大的網。我稱之爲「意識之網」。想像所有人都被這張網連起來，只不過將我們連起來的不是有形的絲線，而是無形的能量——即使看不見，但你可以憑直覺知道。你感覺得到那股能量。

多數人甚至要到死後脫離肉身才知道這張網的存在。但實際上，我們的意識總是與一切的一切相連，包括我們彼此在內。陷入昏迷之際，我雖沒有肉身，但卻察覺得到旁人的感受。我感覺得到他們的情緒，包括醫生對我即將面臨的命運束手無策的無奈，以及家人們心亂如麻的心情。透過這張巨大的網，我和所有時空相連。

我不只知道病房裡發生的事，也知道病房外發生的事，包括我哥飛越大陸來看我，也包括我在幾世輪迴間的不同人生，尤其是我和今世家人有關係的那幾世。時間和空間彷彿不存在，那感覺就像我可以同時來到所有的時間之中。

到處都看得到這張網的證據。我在前一章提到我的狗「宇宙」，在我走進家門前五分鐘，牠就知道我要回家了。我相信小寶寶、寵物、乃至於全體動物都是透過這張網知道彼此之間的連結。好多人寫信告訴我諸如此類的故事，動物、小寶寶和孩子就是會知道或感應到憑五感不得而知的事情。

一位名叫萊絲莉的女士寫信告訴我，她五歲的兒子三更半夜跑來她臥室，說他剛才看到奶奶，奶奶要他告訴爸爸媽媽說她很好。萊絲莉一頭霧水，因爲就她所知，不管是她母親，還是她先生的母親，兩個人都好好待在她們各自的家裡。第二天早上，她接到通知說她的婆婆夜裡過世了，差不多就在她兒子看到奶奶的時候。

另一位女士則寫信告訴我，她養的狗一般都睡在外面，但有一天夜裡卻堅持要睡她床上。她試著哄牠出去，但牠不肯移駕，她只好讓牠跟她一起睡，心想牠大概是覺得孤單或想撒個嬌。夜半時分，她被電話鈴聲吵醒，是父親打來告訴她說母親過世了。聽到這個消息，她對著話筒啜泣起來，她的狗當時就窩在她身邊，幫她舔掉臉上的淚水。牠寸步不離守著她一整晚。她深信她的狗知道她母親那天夜裡會過世，也知道她會悲痛不已、需要安慰。這些敏感的生物對這些事的感應之強烈，就像你感覺得到手中的這本書或電子閱讀器一樣。

只為融入這個世界，我們關閉了自己對這份連結的覺知。成長過程中，我們被灌輸人都是個體的觀念，以為每個人都是各自分開、單獨存在的，於是我們活在一個彼此競爭的世界，「不是征服就是被征服，不是殺人就是被殺，不是吃人就是被吃」❶。但實際上，發生在我身上的一切都會影響你，反之亦然。我們就像同一隻手上的手指，只要一根手指受傷了，整隻手都會痛。我們不是單獨存在的手指；我們都透過同一隻手的手掌相連。

❶「conquer or be conquered, kill or be killed, eat or be eaten.」，典出傑克・倫敦（Jack London）《野性的呼喚》（*The Call of the Wild*）。

無論我們有沒有意識到，我們和自己的靈魂總是連在一起的。爲能掌握自己在這世間的情緒力或精神力，我們要做的不是「改正」自己或多加幾層硬殼。我們不需要精神信仰的教條，也不需要一層又一層僞裝成自我改善的自我否定。正如同米開朗基羅從大理石塊中找到他的天使，我們要做的是鑿掉層層硬殼，剝除錯誤的觀念、思考模式、恐懼和不必要的心理壓力，是這些東西堵住了我們的內在雷達，妨礙了我們和內在神祕家的交流。

強化你的能量

共感人有不同程度的能量，輕、中、強不等，或者火力全開，或者飄忽不定。但無論是哪個程度，建立自己的一套能量練習法很重要。

接地

接地練習有助於放鬆及強化你和內在嚮導的連結，也有助於釐清哪些是你自己的能量、哪些是屬於別人的能量。越是「腳踏實地」，你就越容易和內在的神祕家接上線，而且越不容易受到別人的能量影響。

我有幾種常做的接地練習，以下是我最愛的一種。你可以依個人喜好變換做法。

1. 找一個不受打擾的地方安靜坐著。天氣好的話，你也可以坐在戶外的草地上。你可以閉上眼睛，也可以睜開眼睛，閉與不閉完全取決於你。
2. 深吸一口氣。吸氣時想像你把生命能量（生命力或宇宙能量）吸進去，讓血管充滿那股正面的生命力能量。你可以慢慢來。
3. 現在，深呼一口氣，把氣吐得乾乾淨淨。你的呼吸把一切都慢了下來，包括放慢你的心跳、降低你的血壓。
4. 再深呼吸一次。先深吸一口氣，接著深呼一口氣。
5. 第三次也是最後一次。深吸一口氣，想像那口氣吸得比之前都更深，一路來到雙腿、雙腳。事實上，這口氣吸得那麼深，深到它從你的腳底衝出去，鑽進地面。最後再深呼一口氣。

保護氣場

每天練習保護自己的氣場很重要，尤其如果你置身於人群中，周遭充滿令你不舒服的能量，或你身邊有個人在消耗你的能量，例如自大狂之類的人物。保護自己的氣場有各種辦法，但很多都是要你隔絕別人的能量。雖然這麼做對某些人很有幫助，但對共感人而言卻是違背天性的做法。爲了成長茁壯，我們不需要跟人劃清界線或把自己藏起來。我們需要的是連結。請記住：我們要伸出觸角，而不是縮回觸角。以下是我常用的幾個快速練習法。

- 隨身攜帶一塊黑碧璽。黑碧璽以除穢辟邪的功效著稱，能保護你不受那些令人不適的能量影響。你可以在口袋裡放一塊原石，或者配戴用這種水晶做成的美麗首飾。

- 用白鼠尾草杖燻一燻你的氣場。噴鼠尾草芳香噴霧也有一樣的效果。這是美洲原住民的一種習俗，尤其對淨化氣場有幫助。去過人多的地方之後就試試看。你也可以噴金縷梅純露或金縷梅水。
- 強化你的氣場。在一個安靜的地方坐下來。想像你的氣場（無論你想到什麼顏色都可以）逐漸擴張，充滿整個房間。你的氣場按照你的心意越變越大，接著再慢慢收回來，把整個氣場的範圍縮小，直到只離你的身體幾英寸。重複練習幾次。強化氣場的練習有助你做到收放自如，所以萬一來到一個令你不舒服的環境，你就可以把自己的氣場縮小一點，避免接收到不請自來的能量。
- 保持身體健康。多喝水、多運動、出門走走。這些做法都有助於淨化能量和集中精神。

運氣

運氣——疏通體內的氣結，讓能量流通，就像把水開得很大，讓強力的水從水管纏住、把水堵住的地方衝過去——有助你和神性及大地的能量相連。運氣會打開身體七個主要的能量中心或脈輪，平衡你的生命力能量。

運氣有很多方法，以下是我最愛的一種。

1. 閉上眼睛靜坐。想像一道美麗、明亮的光芒進入你的頭頂。當那道光穿過頭頂時，要知道這就是你和神性的連結。這就是你的神性。
2. 那道光從頭頂進入，你的整個腦袋都沐浴在光芒之中。那道光一路穿過喉嚨，來到胸腔、手臂、腹部、臀部，穿過雙腿再到雙腳。這道美麗的光芒可以是任何你喜歡的顏色，或任何它自己選擇的顏色。它可以是七彩斑斕或純白色。這道光很美、很亮、很強。這就是你的神性。這就是你。
3. 你看見這道光很強、很亮，亮到散發出一圈美麗的光暈，將你的身體包圍。你的周身散發耀眼的光芒。體內的那道光越亮，它形成的光暈也就越大。這就是你強大的生命力能量。

4. 現在，你看見那道光從你的腳底透出去穿過地面，帶著它所有的色彩或你選擇的任何一種色彩，一路鑽進地裡。

5. 你看到它在地裡開枝散葉，越鑽越深，包住地心的磁力中心，於是你也成爲大地的一部分。此時此刻，你就屬於這片大地。但你和神性相連，因爲你就是神性。你是天堂在人間的一塊碎片。你是神的一塊碎片。你是此刻活在人間的神性。你是愛的化身，在這裡綻放光芒。

6. 感覺你自己回到這個房間，置身於當下這一刻，感覺你自己重新回到你的身體裡。感覺一下你的手指和腳趾。深呼吸幾口氣，最後睜開眼睛。

體現無為而為的精神

身爲共感人，我們需要學習用不起衝突的方式解決衝突，才不會變成逃避衝突的人。我母親教過我一個辦法，以我的共感人天性而言再適合不過。這個辦法《道德經》稱之爲「無爲而爲」，說得白話一點就是「透過不行動來行動」。這句看似矛盾的話，意指無爲有時是最好的作爲，但也可以解讀成「柔能克剛」。

我母親在我還是個小女孩時教我「無爲而爲」的道理。以前到了下課時間，總有一群惡霸會在學校操場把我圍住。他們知道我總是帶一包小丑造型、色彩鮮豔的糖霜餅乾去上學。他們要的是那些餅乾。這群惡霸是三個比我高大的男孩。微胖的我穿著一身灰色的制服連身裙，厚厚的灰色羊毛襪一路拉到膝蓋上（因爲我以爲就該這樣穿），頂著一頭濃密的黑色捲髮，一臉驚恐地抓著我的零食。我就是個活箭靶。其中一個男孩會拍拍我的肩膀，引我回頭看。趁我不注意，另一個男孩就從前面過來搶走我手中的零食。

每一天，我媽都會裝三片她從超市買來的袋裝餅乾給我。我很愛它們鮮豔的色彩。每一天，這些餅乾都會被那三個男孩搶走。有一天，我跟媽媽說了那些惡霸的事。我以爲她會叫我第二天去報告老師。我想像她說：「面對惡霸，你必須爲自己挺身而出！」但她說的卻是：「明天我會幫你多裝一包餅乾。上學的時候，我要你主動去找那些惡霸，把餅乾給他們，跟他們說：『我知道你們有多愛吃餅乾，所以，拿去吧，我分你們一起吃。』」

我有點半信半疑，但第二天還是多帶了一包餅乾去上學。在學校操場上看到那群惡霸時，我戒慎惶恐地走上前去，手裡拿著餅乾，兩眼盯著地面，心想我本來就已經很薄弱的自信是否要再次受到打擊。三個男孩靠在操場盡頭的一棵大樹上。我慢慢走近，遞出手中的零食。剛開始，他們一臉懷疑地看著我走過去，接著就看到我手中那包餅乾。

我在他們面前停住。「我看你們真的很愛這種餅乾，所以我今天幫你們多帶了一包。」我媽在那一包裡裝了六片餅乾，所以他們每個人可以分到兩片。

他們的臉色柔和下來。帶頭的那個笑了笑，伸手拿了一片餅乾，接著還跟我擊掌。另外兩個咧開嘴笑，也伸手拿了他們的餅乾，隨之而來的是更多的擊掌。我抬頭挺胸地走開，覺得自己大獲全勝。我收服了惡霸！那天之後，他們就沒再找過我麻煩。相反的，每次看到我，他們就熱情跟我打招呼。我媽媽是對的。

這就是無爲而爲，以柔克剛。因爲共感人羞於起衝突，所以我們正適合成爲無爲大師。透過無爲而爲的做法，我們既能順從自己的內在力量和指引系統，也能守護自己的敏感天性。

練習

和宇宙意識之網相連的靜心冥想

拔掉所有插頭，找一個安靜的地方，複誦以下字句，讓自己和萬物眾生相連。

「我看到一顆光球充滿我的心臟。

這顆光球越變越大，大到將我全身涵蓋進去。

我看著它持續擴大，超越我身體的界線，形成一圈巨大的光暈。

光暈繼續擴大，在我周圍形成一大片氣場。

這片氣場擴大到和別人的氣場相連。

越是將自己的能量擴散出去，我們彼此就交織得越緊密，也越融入無邊的宇宙之網。」

4

把小我鈕開大

眞言：

「我愛全部的自己，我全然接納自己，包括我的小我在內。」

小我的名聲實在不太好。它被視爲開悟的頭號敵人——至少在我死過一次之前，在我聽身心靈老師的教誨和閱讀當代身心靈書籍的年輕歲月裡，我對小我的印象是這樣。他們說如果想臻至開悟之境，我就要不惜一切「克制小我」或「戰勝小我」。小我被視爲眞實自我的勁敵。但小我並不像他們說的那樣是眞實自我的敵人，反而還是開啓眞實自我之鑰，對共感人而言尤其如此。

看到這裡，你可能忍不住皺眉，但請容我把話說完。首先，當身心靈老師說「小我是你的敵人」，其中就牽涉到一個很重要的問題：「小我」一詞是什麼意思，我們有共識嗎？在妄加談論之前，小我一詞是不是該有一個公認的定義？

我們來看看一些常見的字典對「小我」的定義：

劍橋詞典：你對自己的想法或看法，尤其是你對自己的重要性和能力的觀感。

牛津英語詞典：一個人的自我肯定感或自我重要感。近義詞：自尊、自我重要性、自我價値、自重、自我形象、自信。

我對小我的理解也差不多是這樣。我認同身心靈界試圖傳達的訊息，像是「不要自誇」、「自誇不好」或「謙虛是好事」。身心靈界常提醒我們不要把受到物質世界影響的虛假自我和眞實的自我混爲一談，我也贊同諸如此類的教誨。這些主張都很好。

但「小我」一詞常常帶有貶義，結果我們就打壓自己的自尊，心想：「我的小我必須收斂一點。」

「小我」一詞一開始是佛洛伊德連同「超我」（super ego）和「本我」（id）的概念提出來的。這些年來，一般對這個術語的解讀卻把小我和自戀畫上等號，有可能就是因爲身心靈老師帶的風向。話說回來，謙虛、善良的人其實也能有很強的小我，這些特質彼此並不相斥。

容我解釋一下。每個人都有小我。小我本身不是什麼不好的東西。它像船錨般穩住你和你的自我感。健全的小我是保護你的堡壘。懂得區分「擁有小我」和「自我中心」的差別也很重要。有小我就有自信。當你覺得受到傷害或剝削的時候，小我給你爲自己挺身而出的力量和智慧。相形之下，自我中心則是凡事以自己爲中心，一心只想著爲自己，常常不惜損害他人。自我中心的人往往顯得缺乏同理心，無視於他人乃至於全世界的需求和感受。結果「擁有小我」和「自我中心」常常就被混爲一談。

小我和有意識的覺知

但如果小我不是問題呢？萬一眞正的問題在於對這個世界、對別人的需求、甚至是對自己缺乏有意識的覺知呢？爲了探究這一點，容我借用舊作《死過一次才學會愛自己》當中的比喻。只不過在這一章當中，我會專門針對共感人來談。想像你手中拿著一個遙控器，遙控器上有兩個旋鈕，就像老式收音機上用來調音量的旋鈕。但這兩顆旋鈕調的不是音量，其中一顆標示著「有意識的覺知」，另一顆則標示著「小我」①。

覺知鈕全關、小我鈕全開的人，往往就是我們所謂「自我中心」的人。他們心裡純粹只有自己，意識不到（或很少意識到）別人的存在。如果發展到極端，這些人可能就會成爲自戀狂，自我感覺超級良好，缺乏對他人的同理心，需要不斷受到崇拜。當自我中心的人把覺知鈕一路關到底，他們自然就意識不到內在的神祕家、高我或任何比有形自我更偉大的東西。

然而，我認爲自我中心的人要做的未必是克制他們的小我，而是培養同理心和有意識的覺知。若是能和我們的高我相連，一個人就自我中心不起來了。

把覺知鈕開大，我們對自己、對內在的神祕家和對宇宙的覺知就加強了。這份覺知也讓我們忠於自己的使命，並爲我們的人生帶來意義。覺知鈕開得越大，內在的神祕家給我們的指引聽起來就越清楚。它會提醒我們自己眞正是誰、來自哪裡、爲什麼在這世上。這份更強的覺知也讓我們對周遭的有形世界和萬物眾生極爲敏感。舉例而言，我們會察覺到別人所受的苦，或察覺到自己的行爲對別人的影響。

---

① Anita Moorjani, *What If This Is Heaven? How Our Cultural Myths Prevent Us from Experiencing Heaven on Earth* (Carlsbad, CA: Hay House, 2016), Kindle edition, 174.

多數共感人天生就是覺知鈕大開，所以我們才成爲共感人。我們天生就和內在的神祕家乃至於周遭世界緊密相連。所以如果我們的小我受到壓抑（小我鈕一路關到底），我們的自我價值、個體性和自信心也就受到了壓抑。結果就是我們自認不配得到或吸引不到正面的東西，包括「愛」在內。與此同時，我們卻一直在吸收身邊每一個人的感受和情緒。

以前的我總是壓抑自己的小我。光是覺得跟某些人相處很累，我就怪自己不該有這種想法。我會對自己說：「你以爲你是誰？」身爲共感人，眞的要有很強的小我，你才能把自己照顧好、常保身心的健康。對共感人而言，受到壓抑的小我讓我們分不清自己和別人的感受與情緒。是小我定義了一個人的個體性，讓每個人都成爲與別人不同的個體。儘管我們都是一體相連的，但爲了在這個有形世界生存，人我差異還是有必要的。在另一個世界就不需要小我這種東西，因爲我們在那裡都只有靈魂，而且那裡沒有負面評價、兩面手法或競爭等等的人世糾葛。

現在，如果我們把小我鈕開大，和覺知鈕兩相搭配，小我就變成一個有利的工具，因爲它幫助我們識別和認同自己的個體性。它讓我們把自己和別人的存在、情緒、感受、需求、渴望分開，釐清自己相對於外界而言是誰。

如果你覺得迷失在周遭世界的痛苦和情緒中，那就表示你的小我鈕（你的自我感）開得太小了。我不時還是會發生這種情形，但我已經找到幾條重新把小我鈕開大的捷徑。其中一個辦法是照鏡子，看著自己的眼睛，認眞看進自己的心坎裡，告訴自己：你很安全，你很強，你有目標；做自己、當一個獨立的個體，就是你的其中一個目標。身爲共感人，在內心深處，我們比誰都清楚芸芸眾生都是一體相連的。這就是爲什麼我們比誰都難堅守自己的個體性。這也是爲什麼共感人一定要明白擁抱小我眞的沒關係。

畢竟，唯有我們能接近自己最深的部分，那個眞正知道我們是誰、需要什麼才能活得最好的部分。

小我就像一塊肌肉，鍛鍊它有助我們形成過濾的機制和個人的界線。小我給我們健康的自我價值感。一個人的感應力越強，這個人的覺知鈕天生就開得越大。但如果小我鈕沒有開得一樣大，這個人在吸收旁人的情緒和能量時，就有失去自我或貶低自己的危險。這就是爲什麼共感人的覺知鈕一定要在小我鈕的配合下全力運作。

看重小我的價值

如前所述，猛把別人的痛苦和情緒內化，或是只爲別人著想而苦了自己，最終會導致身體上的病痛。在《當身體說不的時候：過度壓抑情緒、長期承受壓力，身體會代替你反抗》（*When the Body Says No: Exploring the Stress-Disease Connection*）這本書當中，專攻身心關係的知名醫學博士嘉柏・麥特（Gabor Maté）寫道：「當人類沒能學會有效表達內心感受時，情緒就會轉化成具有潛在壞處的生理反應。」②

犧牲自己成全別人雖是出於善意，但長期如此並不健康。強健的小我可保護你不要落入這種生存狀態。

我自己就學到了很多教訓，有時是經由相當戲劇化的經驗。二〇〇一年的某一天，我最好的朋友索妮被診斷出癌症末期，病情來勢洶洶，她最終因此喪命。索妮得到的診斷令我驚愕不已，感覺就像我自己也得到一樣的診斷。我從小和這位朋友一起長大，我們當了一輩子的朋友。診斷結果出來時，她的孩子還小。聽到這個噩耗時，我不僅心情壞到極點，而且眞的覺得反胃想吐，也覺得很內疚。準確來說，我內疚的是她生病而我卻健健康康的。她年幼的孩子要受苦，我覺得內疚。我和我們共同的朋友出去，她不能一起來，只能在醫院接受治療，我也覺得內疚。當我的朋友和她的家人面臨危機時，任何自我照顧的舉動在我眼裡都很自私。簡而言之，只要是做任何爲我自己好的事情，我都覺得很內疚。所以，不管是到醫院或到她家，我盡可能把時間留給她，幫她的忙，陪她的孩子們玩。

② Gabor Maté, MD, *When the Body Says No: Exploring the Stress-Disease Connection* (Hoboken, NJ: Wiley, 2011) Kindle edition, loc. 307.

當時我並不明白，但對她的病痛感同身受造成我的感官超載，我的身體隨之越來越病弱。我沒有去聽自己內心的聲音。我的小我發育不良，使得我完全無視自身的需求。

後來有一天，大約她確診一年後，我在自己的頸部左側摸到一顆肉瘤。我去看醫生，做了切片檢查，發現我有淋巴瘤。診斷結果陷我於深深的恐懼中，在那份恐懼中有一道微弱的聲音對我說：「啊，現在你有藉口照顧自己了！」

我最好的朋友病情持續惡化，我的健康也隨之惡化。即使我也生了病，但比起自己的需求，我還是更關心身邊每一個人的感受，包括我最好的朋友。最後，要到有了一次瀕死經驗，我才明白擁抱小我的重要。

若是養成了健全的小我，我和自己的自我價值就會有一個更爲平衡的關係。我會明白保持健康不只重要，而且對助人來講更是不可或缺。換言之，我感受到的內疚不能幫任何人減輕病痛，我能爲別人做的最好（也最無私）的事，就是讓自己強壯起來。我強壯了，才能給別人更多支持。如果當時的我領悟到這一點，我就會明白自己的健康快樂也能鼓舞旁人，我也就會竭盡所能提升自己的健康快樂了。我會多多休息，爲自己騰出更多時間，親近大自然，縱容自己享受按摩之類的自我照顧，甚至出去見朋友。我會知道這麼做能讓我在朋友面前呈現出最好的狀態。我也會相信我的朋友想看到這樣的我，因爲如果我基於內疚而爲生病的她犧牲自己的人生，那我就是在冒害她也很內疚、爲她增加負擔的風險。

我收到許多讀者和觀眾眞情流露的踴躍回應，大家紛紛跟我分享不再與小我爲敵之後成功改變人生的故事。在我帶領的其中一個工作坊中，艾咪分享說在從小受到的教養之下，她一直認爲以自己的需求爲優先是唯我獨尊的自私行爲，尤其是當別人需要照顧的時候。基於這種觀念，再加上她是那種會爲任何人兩肋插刀的人，艾咪吸引到很多對她予取予求的人。她說：「沒辦法，我受不了讓任何人失望或不滿意。大家好像感覺到我是一個心腸很軟的人，於是紛紛朝我聚集過來。」她也不曾說出她的罪惡感，或表達她想把時間留給自己的渴望。她說：「我做不到。只要一開口爲自己說話，我的喉嚨就會噎住，總覺大家會認爲那是我的小我在說話、我只是想討拍取暖求關注。當我覺得有開口的需要，我就把心裡的感受壓下去。」

直到有一天，她看了一支我談小我和擁抱小我有多重要的影片，頓時恍然大悟，決定放下對小我的論斷，試著接納她的小我。她開始注意自己是多麼體貼別人的需求（這是她有意識的覺知、內在的神祕家），同時卻否認自己的需求（這是她卑微或受到壓抑的小我）。這份警覺讓她看清自己是如何犧牲自己成全別人。艾咪體認到爲什麼她常常覺得很累很疲憊，而且好像誰生病她就跟著生病。接下來，她開始有意識地聆聽自己的需求，給自己時間把電充飽。

就好像智慧型手機，在電力不足的時候，你消耗的能量超過了可用的能量，所以，是把電池充飽的時候了。共感人往往會爲了滿足別人的需求而耗盡自己的能量。你一定要特別注意自己的這種傾向。找出導致能量外洩的關鍵也很重要，對我們來講，問題的癥結主要在於沒辦法說「不」或畏懼衝突。一旦意識到自己有這種傾向，我們就可以放更多重心在爲自己充電上。如果你是共感人，而且常常累得筋疲力盡，我建議你列出所有能幫你充電的事項。每當覺得身心俱疲的時候，就看看這份清單，選一項出來幫自己充電。

爲能更了解重新爲自己充電的重要，不妨想像我們都是光的存在。你生來就充滿明亮、閃耀的光，這道光是你和神性的強烈連結。現在，想像你爲了保持這道光的亮度（爲了保持你的能量），你需要不斷爲你的電池充電，就像爲手機充電一樣。

所以，爲了繼續發光發熱，你要怎麼把電池充飽呢？第一步其實很簡單：每天以任何一種對你來講有意義的方式，給你的靈魂養分、把你的靈魂餵飽。或許是到海邊走走、靜坐冥想、到大自然中散個步、聽音樂、寫作、畫畫，或是和親朋好友共度一段時光，甚至只是買雙鞋或和孩子們一起吃披薩這麼平淡無奇的事情。重點不在於你做了什麼活動，而在於這個活動爲你做了什麼。只要能給你的靈魂養分、能爲你的光芒充電，那就是一場有益身心靈的活動。

艾咪充電的方法是多花時間從事她樂在其中的活動，例如讀一本好書、泡澡、散步，或是看一部她一直想看的電影。萬一心裡湧起罪惡感，她就告訴自己說這是在充電，把電充飽了才能展現出更好的自己，尤其如果她的目標是要幫助別人。艾咪說，透過練習接納小我，她覺得渾身都是力量、精神更好，不再覺得氣力盡失、疲憊不堪，或有事沒事就生病。在她想要集中心力的時候，她也能把精神放在最費神的地方。

過度壓抑小我的後果

健康的小我防止不了感官超載，但它會給你必要的內在支持力量，支持你看重自己的需求，如此一來，你就不需要等到有藉口（例如真的生病了），才來照顧自己的身心健康。它給你勇氣和先見之明，脫離有害身心健康的處境。相形之下，發育不良的小我只會保證你感受到所有人的痛苦，同時又覺得減輕自己的痛苦很自私。它會讓你覺得動彈不得、無法脫困，直到生病、受創或發生什麼改變人生的事情，逼得你拯救自己的情緒。

想想看，如果你強烈感受到他人的情緒，簡直就跟那是你自己的情緒一樣（覺知鈕大開），但你的自我認同感和自信心卻很薄弱，或是你有自卑情結（小我鈕關到底），那你可就具備當一個迎合者或腳踏墊的所有條件了。每個人的感受和情緒都比你自己的更重要，因爲你對自己來講根本不重要。你更容易受到霸凌和剝削。你覺得自己卑微渺小，想要說「不」卻說不出口。爲了迎合每一個人，你失去自我，失去身分認同，失去你個人的力量。

有這種狀況的人，我稱之爲「萬人踩的共感人」，而且我深知這種狀況，因爲從前的我就是這樣。雪上加霜的是，不但沒人鼓勵我養成更強壯的自我感，我還被鼓吹「小我是開悟和靈性的敵人，必須加以克制」的身心靈老師包圍。

爲了身心的健康，覺知鈕和小我鈕都要開大才行。我和許多我輔導的共感人都把小我鈕關得太小，以致在我們身上呈現出以下的特質：

不愛自己

小我鈕關得太小，要愛自己就變得難如登天（我在下一章會針對愛自己談得更詳細），因爲就是「小我」這個部分讓我們肯定自己的需求和個體性。把小我鈕開大，我們才會照顧自己和滿足自身的需求，也才能成爲更好的自己。

不忠於自己

當你自認不夠好，你就隨興不起來，因爲你不信任自己。你在事前想得太多，又在事後懷疑自己的決定。你失去了心血來潮的隨興，也失去了生活的樂趣。你失去了自我。

瓊恩在我主持的一場活動中發言，說她總是尋求他人的認可，而且甚至沒意識到自己有多依賴這份認可。結果不管別人要她怎麼樣，她就把自己扭曲成別人要的樣子，只爲了不要讓人失望。她是三心二意的高手，只要稍微感覺到別人有一點點不贊成，她就改變自己的想法。工作上，即使心裡知道自己報告做得很成功，但除非有人稱讚她，否則她總是不太相信自己。而且如果她感覺到別人語帶猶豫，她立刻就會陷入自我懷疑。她需要外界不斷給她肯定，不知不覺就在追求外界的肯定中迷失了自己。她過著不忠於自己、不屬於自己的生活。她的人生建立在她所設想的外界眼光之上。

在聽我談話的過程中，她領悟到只要不去過屬於自己的生活，她就找不到自己的目標。在那一刻，她下定決心擁抱她的小我、多了解自己一點、更忠於自己，並且爭取自己的認可，而不是爭取別人的認可。

雖然一開始可能很不自在，但想像一下你會有什麼感覺吧！從早到晚任由自己感受那份自由，直到你開始自由得自然而然爲止。這麼做再加上我在本書勾勒的其他做法，你就會踏上當眞實的自己、表達出自己是誰的康莊大道。

交出自己的力量

小我受到壓抑（妨礙、限制、束縛），導致自信心和自我價值感低落的特徵有：

- 沒有意願照顧自己。
- 對別人比對自己好。
- 不願被看見或被聽見。
- 比起自己的意見，更看重別人的意見。
- 因爲怕失敗而拒絕接受挑戰。
- 怕受到反對。
- 痛批自己。
- 覺得不配接受讚美、餽贈，乃至於任何好的東西。

在極端的例子裡，卑微的小我可能導致憂鬱症、成癮症和飲食失調症③④。如果你既是共感人，小我又受到壓抑，你不只會吸收別人的問題和恐懼、陷在別人的內心小劇場中，你還會爲了他們無視自己的需求。舉例而言，假設你的小我受到壓抑，剛聽說朋友從她家裡被趕出來了，你當然會跑去幫助她，不然朋友是幹麼的。

但現在假設你也有自己的問題，不管是經濟、健康、感情還是什麼問題，反正你的問題比她的嚴重多了。身爲一個小我受到壓抑的人，你會把自己的問題丟到一邊，把朋友無家可歸看得比自己的任何問題都更重要、更迫切。即使看著自己的問題越演越烈，你還是會把注意力放在幫朋友解決問題上。

現在，假設你不僅小我受到壓抑，而且也是一個共感人。你的朋友打電話來，說她從家裡被趕出來了。對她出手相助的時候，你對她所有的情緒都感同身受。所以，除了你自己的壓力之外，你的身體也承受了她的壓力和恐懼，而且你很難區分她的情緒和你的情緒。這就是爲什麼明白自己的強項和挑戰對共感人來講很重要，如此一來，你才會意識到犧牲自己去助人對你有什麼影響。

---

③ Harriet Brown, "The Boom and Bust Ego: The Less You Think about Your Own Self-Esteem, the Healthier You'll Be," *Psychology Today*, January 1, 2012, https://www.psychologytoday.com/us/articles/201201/the-boom-and-bust-ego.

④ Brian Johnson, "Three Perspectives on Addiction," *Journal of the American Psychiatric Organization*, June 1, 1999, https://journals.sagepub.com/doi/pdf /10.1177/00030651990470031301.

過去身爲一塊腳踏墊的我，從不覺得我交出了自己的力量，因爲我認爲每個人都高我一等，每個人都比我重要，每個人都比我更有資格做決定——即使牽涉到的是我自己的事情！我總是把力量交給權威人物和精神領袖，殊不知我大可訴諸於自己內在的力量。再者，身爲共感人，我也很習慣接收旁人的情緒和壓力，陷自己於他們的內心小劇場和種種問題之中。瀕死經驗教會我沒人比我更有權力決定自己的人生。

容我再次強調，你不需要死過一次才覺悟，而且我想在此提出一個簡單的解決辦法。首先，如果你現在就是把每個人都看得比你重要，那麼你要注意自己是否在無意間讓別人左右了你的人生。光是這份警覺就有助你認清那些樂得占你便宜的人。其次則要注意「強勢霸道」和「有主見」的差異。心理學家、集中營倖存者及《抉擇：放下，擁抱生命無限可能》（*The Choice: Embrace the Possible*）的作者伊迪絲．伊娃．伊格醫生（Dr. Edith Eva Eger）說得好：「消極被動是讓別人替你做決定，強勢霸道是你去替別人做決定，有主見則是你爲自己做決定。」⑤

雖然常有人分不清「強勢」和「有主見」，但在我的經驗裡，腳踏墊性格的人尤其容易在「有主見」的時候以爲自己「太強勢」。別忘了，你不是在叫別人要怎麼做，只是在提出你自己想怎麼做的主張。一旦釐清了這一點，你就會感覺到莫大的改變。

最後，請爲自己找到理直氣和的遣詞用字來表達個人主張。舉例而言，你可以說：「謝謝你關心我的狀況，但我眞的比較想這樣處理。」或：「由衷感激你的關切，但選擇這樣做才更有一切操之在我的感覺。」說到這裡，想必你明白我的意思了。

不好意思接受

如今在帶領工作坊的時候，當我請現場的共感人舉起手來之後，接下來我就會

---

⑤ Edith Eva Eger, PhD, *The Choice: Embrace the Possible* (New York: Scribner, 2017), Kindle edition, 116.

問他們是否善於付出卻拙於接受，若是如此就請繼續把手舉好。毫無例外，每一位共感人都還是舉著手不放下。如前所述，「不好意思接受」是共感人的共通點，尤其是腳踏墊型的共感人。

從前的我很擅長為人付出到油盡燈枯的地步，但我卻很不擅長接受別人的付出。只要有人給了我什麼，我立刻就會覺得壓力很大，非給對方回報不可。我覺得自己不配接受單方面的餽贈和滿滿的好處。想像一下，如果你每次送人一件禮物，對方就覺得有負擔，那你一定不好受吧。共感人真的要敞開心扉，欣然接受別人的付出。只因你想積功德，或只是基於施比受更有福的觀念，你就給了又給、付出又付出，這是不誠實的行為。你必須發自內心的滿足去付出，這才好得多。

允許自己接受別人的付出就是在把小我鈕開大，允許自己去為別人付出則是在把覺知鈕開大。當這兩個鈕都開到最大，你就可以不倦地付出又無愧地接受。

廉價出售

小我鈕關得太小的共感人也很難成功賺大錢，原因有很多，包括覺得自己不配或不值得擁有很多東西。在我嘗試創業當企業家時，這個問題就對我影響很大。我不只爲客戶賣命，也爲我的員工賣命。當我的員工懶散懈怠或進度延宕時，我沒辦法擺出堅定、嚴格的態度。我總是體諒他們的難處，陷自己於他們的處境中，把他們的能量和問題當成自己的來接收，而我還得爲客戶服務。

我也很難開口要求自己應得的報酬，而且總是把價碼開得太低，因爲我覺得大談自己的優點和強項是妄自尊大的行爲。我的履歷也寫得很客氣，總是對自己的資格輕描淡寫，這也是因爲大談個人成功故事或公認的成績感覺很狂妄。這意味著我的工作酬勞和我的經驗或資格總是不成正比。

我常常爲負擔不起的人免費提供服務，因爲我總是很難說「不」，甚至很難想出一套公平對等的交易規則。我的團隊對無償多出來的工作怨聲載道，於是我就自己來，不要他們插手。

在其中一場工作坊中，我分享了這件事，並請跟我同病相憐的人舉手。之前認同自己是腳踏墊性格的人，幾乎每一位都舉了手。我請他們分享自己的故事。其中一位先生說，他父親總教他不要吹噓自己的成就或拿自己來說嘴，換言之，不要只剩一張嘴，而是要用你的表現證明給人看。所以，他在履歷表上沒去凸顯自己的成就。到頭來，他發現自己在工作上常常比他的上司更夠格，但上司得到的待遇卻比他高出許多。他越來越不滿，最後，他受夠了自己的不滿，找了個不惹人厭的辦法談論自己的成就。一開始，他覺得難以啓齒，心裡預期別人會跳起來指著他，說他是個自大鬼。但結果不然，事實證明大家根本不知道他過往的成績，知道以後就開始對他刮目相看了。

沒辦法說「不」

處於腳踏墊階段的共感人，之所以說「好」或有時候說「不」，只是因爲不想讓別人失望。我自己無疑就是如此。這其實是不誠實的行爲。萬一你發現幫你的人之所以說「好」，只是因爲他們沒辦法說「不」，你會有什麼感覺呢？你是不是還寧願他們說「不」，也不要他們爲你去做不想做的事？我知道我寧願不要強人所難。（關於說好說不的兩難習題，詳見第九章。）

覺得不配成功

小我鈕關太小的共感人有獲得成功或享受成功的障礙。以我爲例，以前的我覺得自己不配成功，當我比旁人（尤其是要好的朋友）成功時，我就覺得有罪惡感。所以我要麼對自己的成功三緘其口，要麼貶低自己的成功。腳踏墊性格的人不認爲透過自己的成功能給別人更多幫助，反而會一味自貶，藏起自己的才華和優勢，免得在別人眼裡顯得很貪心或自大。

跟我聊過的一位共感人就說：「如果我賺的錢超過我的需要，我就覺得很可恥。我低調再低調，不買奢侈品，因爲我不想受到注意。我不想讓人覺得我自大或炫富。」在我接觸過或聽說過的所有共感人中，至少八成都說他們貶低自己、要求得很少，深怕被貼上「自大」的標籤。對他們來講，這種標籤令人羞愧。

不好意思當領導者

我就像多數共感人一樣，很難接下領導者的角色。我們不想引人注意，而且常認爲自己不値得受到注意，因爲愛受矚目是很自戀的行爲。遺憾的是，那些壓縮小我的人常是人群中的智者，他們超級敏銳、能力超強、超有同理心，腦袋裡裝了精采絕倫（但常跟別人不一樣）的妙點子。這些人對受到大眾的矚目或肯定興趣缺缺，而且十分忠於他們內在的神祕家。就像我說過的，若能聽聽這些人的意見，我們的社會將獲益良多。

不幸的是，有些領導者的小我鈕大開，覺知鈕卻關得太小，導致他們行事作風自以爲是，不體察人情、不自我反省、對自己毫不懷疑、或無視於他人的存在。他們完全可以只顧達到目的，沒有反躬自省所需的洞察力或覺知力，而且任意把共感人、迎合者和腳踏墊性格的人操縱於股掌之間。

養成健康的小我

我從瀕死經驗學到小我有很大的用處，我需要它來幫助我擁抱自己的個體性和獨特性。它幫助我愛自己、信任我內在的神祕家。它讓我不會因爲有人跟我唱反調，就懷疑自己所經歷的一切是虛妄的「幻想」或「狂想」。它也讓我不再輕易把自己的力量交出去，或在事後懷疑自己的決定，這兩者都是很重要的人生教訓。

爲了幫助大家養成健康的小我，我會問人這個問題：「如果不用考慮別人的眼光，你會當一個什麼樣的人，又會做什麼自己高興做的事？」薄弱的小我導致我們看重別人的眼光，更甚於看重自己的需求與快樂。但當我們認清自己不顧他人眼光時會做些什麼，並且慢慢開始做這些自己想做的事，我們就能獲得自由。這也讓我們對不顧旁人反對、選擇順從自己心意的人少一點批判。

如果不擔心別人的看法，你會做些什麼改變？以下舉我收到的一些答案爲例：

- 辭掉優渥安穩但你不愛做的工作，追求不穩定但令你心滿意足的夢想。
- 爲痛失心愛的人哀悼過後，允許自己重新去愛。
- 出櫃，讓這世界看到眞正的你是誰。
- 結束一段你只是爲了面子撐在那裡的婚姻關係。
- 縮小對你來講太大、太貴的住家規模，不再爲了維持門面住豪宅給人看。
- 穿著舒適，而不只是追求造型（雖然兩者兼得是有可能的），例如正大光明地把高跟鞋換成你暗自渴望已久的運動鞋。

順從自己的心意，不再時時擔心別人的看法，有助於強化你的小我。既然明白了健康的小我有多重要，現在你可以既對別人將心比心，又不覺得抱歉或內疚。你擁有的力量對每個人都有好處，不只是對你自己有好處而已，因爲比起萬人踩的腳踏墊，一個強大、自信的人更能有效鼓舞他人。

練習

把小我鈕開大的靜心冥想

每當需要強化小我、感覺自己有分量而不卑微、擴大自己的氣場、放心表達自己想表達的一切，我就會默誦這些字句。歡迎你也這麼做。

「我專注在自己的心臟一帶，想像自己的覺知鈕和小我鈕全開。兩個旋鈕雙雙打開，我感覺到自己的能量擴散出去，讓我充滿力量、朝氣、喜悅和可能性。

這是我的生命力能量，而且我總能隨時取用它。這是我與生俱來的權利。

我要這股能量多強，它就有多強。

有了這股擴大的能量，我知道自己很安全，可以放心表達自己。

我覺得可以放心做自己、施展力量、盡情發光。我愛自己的每一個部分，包括我的小我在內。」

5

立足於愛而非恐懼，才是真正的靈修

眞言：

「身爲共感人是一份禮物。共感是我和萬物眾生的連結。」

共感人橫跨兩個世界，一是充滿雜訊的外在世界，一是與我們的心靈或靈魂相連的內在世界。由於生性敏感和重視內在，我們就像飛蛾撲火般受到靈修活動的吸引。靈修團體讓容易感到格格不入的共感人覺得有歸屬，像是找到家了一樣，但卻常以背棄內在的神祕家爲代價，只顧聽從和追隨身心靈老師的教誨。

如果你是一個小我受損或小我薄弱的共感人，而且你還有迎合他人的傾向，那麼，許多傳統的身心靈教誨都會藉由命中你的弱點，亦即你的恐懼，陷你於腳踏墊的處境中，而不是幫助你信任自己的內在指引系統，並從中得到力量。在醉心靈修的同時，健康的小我有助我們不失去自我或不背棄自己。本章旨在探討愛自己和自信的力量如何幫助我們在靈修時不迷失自我。

追隨內在的聲音錯了嗎？

在我二十幾歲時，逃離父母安排的婚姻不久後（詳見第十章），我的雙親受邀到朋友家見一位備受敬重的印度上師。他們決定帶我一起去聽他的建議，看看該拿我怎麼辦才好。爲什麼要我結婚安定下來這麼難？爲什麼我就不能遵從社會規範？我的星盤裡寫了什麼？我也希望這位上師有答案，因爲我感覺得到自己讓父母很頭痛。況且，我也很好奇自己的未來。我想知道這位上師有什麼話要說。畢竟，這麼多年來，我一直在聽信各種師父的說法。

一到招待那位上師住的那家人的豪宅，我就注意到大家多半穿著印度傳統服飾，並且把頭部遮蓋起來，以示對上師的尊敬。我事前沒想到，結果穿著平常的牛仔褲、夏季印花襯衫和時髦的樂福鞋就來了。按照規矩，我把鞋子脫在屋外。

客廳很大，那位上師盤腿坐在正中央一張厚實的單人沙發椅上，周圍至少有七十人坐在長毛地毯上。他旁邊的小桌子上設了一個祭壇，祭壇上點著玫瑰味的薰香，並擺了一小盤祭神用的水果和一顆椰子。信眾一一上前，坐在他正前方的地面上，垂下頭來充滿希望地等待著。那位上師停頓一下，想了一想，再將雙手按在來人低垂的頭上，賜下幾句善意的忠告。

輪到我的時候，我父母輕輕把我往前推，示意要我坐到那位上師面前，接著他們雙雙在我兩旁坐下。

「小女已經二十六歲還沒結婚。」我父親以我們的母語信德語說：「您能否告訴我們，她什麼時候才會結婚？這件事爲什麼拖了這麼久呢？」

聽著父親的話，我感覺到自己臉紅起來，心想這位上師會不會因爲我還單身而瞧不起我。

我父親接著盡量輕描淡寫地提了一下我逃婚的事。在他回顧那痛苦的一刻時，我感覺得到他的難堪。聽了我父親的話，那位上師抬起眉毛，睜大眼睛，看了我很久。我緊張得都聽得見自己的心跳。他是不是看見什麼可怕的事情了，例如我命中注定不會結婚？我會孤獨終老嗎？

感覺過了好久，他才終於開口說話。他說我被寵壞了，我對自己祖國的文化不敬（穿著西方人的服裝顯然沒有幫助，但事前沒人警告我）。他又說如果我想結婚，就要改變自己的言行舉止，接著滔滔不絕地訓話起來，說我要更順從、自重、守婦道。他強調男人不會看上我，因爲我太獨立了（男方家長不會想要這種逆媳），並暗示說我身爲女人要嫁人才有價值。

但對我打擊最重的部分是他說：「你是個有汙點的人。除非你改變，否則你不僅嫁不出去，最後到了生命的盡頭，你也到不了涅槃，因爲你不會有善報。所以，你要不斷投胎轉世，直到洗盡罪愆爲止！」

這一席話不但令我錯愕，而且深深傷了我的心，我無法釋懷——當時無法釋懷，後來過了許多年也無法釋懷。我在一個多元文化的環境中長大，朋友來自世界各地，我們的穿著打扮一樣，理念和價值觀也一樣。如果我有汙點，那我們豈不是都有汙點？這怎麼可能呢？我們是文化上的綜合體，大家都住在香港，但都不是香港人。更有甚者，塑造我們的是第三國（英國）的教育體制和流行文化，因爲香港當時還是英國的殖民地。而我卻在一個剛從印度飛到香港的上師面前，接受他的議論。當時我不明白自己置於一個獨特的時空背景中、處於非常獨特的情況下，而這位上師可能根本不知如何看待我。我在他眼裡顯然是個異類。

「但我怎麼會只因做自己就到不了涅槃或造下惡業呢？」我有點膽怯地問道，

心想我會不會光是問這個問題就成了孽女。我是說，他甚至還沒看到我辛蒂．露波的那一面呢！

「除非你洗盡罪愆、完美無瑕，否則神為什麼要准你去到極樂世界？」他答覆道：「如果一個人渾身泥巴，或者這個人是你難以苟同的人，你也不會讓他進到你家吧？你要先潔身自愛、洗淨七情六慾，才配得到涅槃、去到極樂世界。」

我哪裡不潔身自愛了？讓我錯愕不解的是，即使我相信輪迴和因果報應，我還是有很多問題：我到底哪裡有汙點或不純潔？我的哪一部分為我的未來造下惡業了？只因不願接受被人安排的婚姻，我就有汙點了嗎？這位上師指的是我環遊世界的夢想，以及那份蠢蠢欲動的渴望嗎？他指的是我內在的心聲嗎？他指的是我和宇宙或無形世界相連的部分嗎？可是那個世界不僅比我還偉大，甚至比這位上師更偉大。我要信任並服從他這種人（自稱有神通的大師），卻不去追隨自己內在的聲音嗎？

我有好多問題，但有一件事可以確定：拜訪那位上師是我人生走下坡的開始。

從那之後，我做盡一切證明自己的價値，確保自己在極樂世界能有一席之地。

走筆至此，我想起我的童年玩伴艾夏，她直到年近四十都單身，令她父母擔心不已。她的父母老是帶她去見那些自封爲大師的上師，向他們請教自家女兒爲什麼還沒結婚。每位上師的反應都一樣，說那是她前世造的孽。每位上師都開了不同的解方消她的孽障，包括每天在破曉前焚香祝禱，祈求嫁個好老公；每個月當中一連齋戒十天；月圓之夜不洗澡；月圓之夜穿白衣；每天誦經數小時；找時間到廟裡跪在上師跟前；每天趁破曉之際到廟裡用牛奶爲神像沐浴；以及我個人的最愛（才怪！）——用牛奶幫上師洗腳，然後把洗過腳的牛奶喝掉，因爲照理說牛奶裡充滿了那位上師神聖的能量！和艾夏邊喝咖啡邊聊近況時，一聽她這麼說，我差點沒把口中的卡布奇諾吐出來。萬一眞吐出來了，我大概就成了一個罪該萬死的印度教徒吧！

最後，艾夏嫁了一個對她言語虐待的老公。她答應嫁給他是因爲她等不及了，而且她不能再讓父母失望了。生了三個孩子之後，她的婚姻破裂了。她不後悔結婚，因爲她得到三個可愛的孩子。但她盼了那麼久，盼的絕對不是這種婚姻。

對身心靈教誨照單全收的風險

我相信那位上師是好意，也相信他是在服務人群。他希望我有好報。以他的文化背景而言，他相信他給的忠告會領我走上正途。但從那之後，我就開始不相信自己，壓抑自己內在的聲音（爲什麼它會叫我做違背文化規範、跟全世界唱反調的事情呢？追隨自己的心就意味著走歪路嗎？）。我開始認爲聽從內心的呼喚會讓我遠離天堂，甚至害我下地獄。我努力要更「虔誠」、更「純潔」。我一心種下善因，投身於有朝一日會帶領我超脫俗世得涅槃的修行。我打坐、祝禱、誦經、上靈修課、聽師父開示、研讀各式各樣的經書。雖然這些事情本身也沒什麼不好，但我就是太努力要「做對的事」了。

在這些教誨當中，有些訊息反覆出現：

- 我們必須服務人群。
- 我們必須原諒傷害我們的人。
- 施比受更有福。
- 要愛你的敵人。
- 要管好你的小我。
- 就連那些傷害我們的人都是我們的老師。
- 我們要從逆境中學習。

有些訊息帶有互相矛盾的主張。例如某些修行法是建立在拋棄物質世界的前提之上，認定金錢是不好的；但某些卻主張藉由修行顯化物質上的富足，即使這意味著實現買一輛夢幻新跑車或一架私人飛機的願望。

身爲共感人，對我們的靈魂來講，找到讓身心靈契合的辦法是莫大的慰藉。包括我自己在內，我知道的共感人多數都愛集體靜坐和誦咒之類的活動。我們熱愛學習淨化能量、平衡脈輪及其他平衡與療癒之道。我一頭栽進這些活動和課程，同時、全部，來者不拒。我參與的活動越多，我的修爲勢必會變得越高，否則就證明我修爲不夠、不配有好報。我把身心靈老師的話奉爲圭臬。我開始付出又付出，從不允許自己接受別人的付出，因爲我覺得那樣不道德。我到精舍、孤兒院、救濟站、街友收容所當志工。當志工不是什麼壞事，但我就算很累了、再也給不起了，還是會繼續服務人群。爲了積功德，我還是給了又給。

在我被傷害或被欺凌的情況中，我會把另一邊臉頰也給人打，告訴自己說我必須無條件地寬恕這些人、無私地愛這些人，不管我感受到多深的痛苦。我會怪自己不該有怨、有氣或有任何負面情緒，儘管這些情緒持續造成我的內傷。我給自己的訊息是什麼？我要寬恕他們，我要學會無條件地愛他們，但我卻不明白我要先學會愛自己。

在開始談愛自己的療癒力之前，容我先闡明以有損精神資產的方式曲解身心靈教誨會怎麼樣。以我爲例，我允許傷害我的人繼續踐踏我，而我還努力要無條件地愛他們。我不斷從痛苦中尋找可以學習的東西，深信傷害我的人都是我的「老師」，所以我繼續讓他們留在我的人生中，即使他們繼續傷害我。

我不斷從來信中聽到類似的故事。總有人來信說對我的經驗有共鳴，並請教如何解決他們自己的相關問題。我從讀者、觀眾和聽眾那裡收到留言和電郵，說他們也不跟人起衝突，因爲他們認爲生氣就代表修爲不夠，即便只是堅持自己的立場也不好。他們譴責自己，認定那是他們的小我在興風作浪。

在迎合別人（還以爲這是在修身養性）的過程中，許多人甚至不會停下來療自己的傷或重視自己的感受。當痛苦變得難以承受，他們就深自反省、苦思良久：「我漏掉什麼該學的東西了？」「我要從這當中學到什麼呢？」許多人落入根深柢固的恐懼之中，深怕萬一做錯什麼，日後就要嘗到慘痛的後果，也就是所謂的惡有惡報。

這是典型的共感人行爲。在我們對「以和爲貴」和「做對的事」的渴望中，秉持大事化小、小事化無的行事原則，我們看不見自己付出的代價，犧牲了自己內在的神祕家。我的情況就是這樣。我心裡的聲音被埋在一層又一層我只學到表面的身心靈教誨之下。

身為共感人，我們相信權威人物更甚於相信自己，即使對方只是自封為大師的江湖術士，即使我們覺得這些大師的主張不太對，即使我們全身上下每一個細胞都在吶喊：不不不！這不適合你！迎合者還是會比較相信權威人物說的話。就像過去的我，因為不想顯得難相處，我們會壓下內心深處的懷疑。到頭來，受到誤導或受到曲解的身心靈教誨其實會侵蝕我們對內在指引系統的信任，使我們淪為腳踏墊。

與神性連結，正確的指引隨之而來

然而，真正的身心靈老師會看見你的偉大，並教導你如何看見自己的偉大。他們以身作則，親身示範如何信任自己的指引系統，藉此喚醒你的內在神祕家，幫助你免於恐懼和教條的束縛。好老師幫助你相信自己，而不是引導你對他們養成信賴。根本上，他們教你和你內建的神性相連。

我要死過一次才明白，在那之前我所受的一切身心靈教誨缺少了一個元素，那就是我自己和神或內在這份神性的連結。瀕死經驗教我必須先肯定自己的神性，我才能造福別人或對別人有價值。有生以來，我第一次明白到神性不假外求，我其實已經擁有它了。它是與生俱來的生命力，我們光是生下來就擁有這個部分。它是我們在這個世界上天生享有的權利。

眾生皆有靈。怎麼可能沒有呢？我們都來自靈界，也都將返回靈界。我們不需要努力修得更有靈性，只需要明白自己本來就是有靈性的存在，而且本來就和神性的來源或內在的神祕家相連。當我們騰出時間靜下來，什麼都不做，專注在自己的呼吸，甚至只是十到十五分鐘，我們就能回到自己的中心。是在我們什麼都不做、只是專心呼吸的空間裡，內在的神祕家或神聖的力量才能給我們指引。

一旦明白自己是神性的化身、我就像每個人一樣血液裡都流著性力或命根氣（或生命力能量），一切就開始上了軌道。我和自己的內在指引系統重拾聯絡，開始耕耘我眞實的靈性自我，也開始採取更積極的行動，避免自己淪爲一個自輕自賤的共感人。我更相信自己的直覺，不再反覆懷疑我內心深處浮現的指引，不再把我的力量交給自封爲權威的人。相反的，我傾聽我的心聲，看我是否眞心認同權威人物說的話，如果不認同，或如果他們造成我的恐懼、讓我覺得力量受到剝奪，我也勇於無視他們的指教。我提醒自己，我跟他們都和同樣的神力能量相連，所以，他們無權凌駕於我的直覺之上。

採取這些行動是整合愛自己的力量的第一步。我至今還是繼續這麼做。當我這麼做的時候，對的老師、對的書籍、對的訊息都會在對的時間降臨。每一天，我都讀到、聽到類似的故事，大家都說一旦想法和行動改變了，他們需要什麼就會得到什麼。

在這些故事中，似乎有個常見的主題是：面對不知如何是好的難題或健康相關的問題時，大家會透過各種管道求解，包括上網查資料，但到頭來卻只是更加困惑，因爲得到的資訊莫衷一是。這時我就會跟他們說：「停下來就對了。讓你的心思靜一靜，讓你的呼吸靜一靜。不假外求，轉而內求。觀想你和神性的連結，知道你是被愛的。」

試過這個觀想練習的人跟我分享心得，說他們感受到一股祥和與平靜，答案也自然而然隨之而來，即使是來自外界，例如一本書、一集Podcast節目或一位同事。在他們最意想不到的時候，答案就出現了。有一位女士老怪自己的身體狀況不好，成天研究自己到底生了什麼病。她跟我分享說，當她停下來，試著練習與自己和平共處，她就對自己產生了一股前所未有的憐惜。她從來不曾這樣深愛自己。她繼續做觀想練習和呼吸練習，到了第四天，一位朋友帶了一本書給她說：「我知道你在研究這種疾病。我剛好看到這本書，想說你可能有興趣。」結果那本書有她需要的一切資訊，讓她清楚知道要如何把她的身體治好！做了那麼多研究，她卻從沒發現這本書。不出幾星期，她的症狀就減輕了。不出幾個月，她就完全康復了。

無條件的寬恕不是美德

與此同時，我聽到來自世界各地的人告訴我，要實踐無條件的愛是多麼困難，尤其是對那些刻薄惡毒、虐待他們或不尊重他們的人。他們明明就覺得很不滿、很生氣，但內心卻爲了寬恕對方掙扎不已。這是因爲我們一直被灌輸「寬恕是一種美德」的觀念，總想學著去愛那些傷害過我們的人，即使這些人已不是我們人生中的一部分。

事實上，我們需要明白的是：先學會愛自己和看重自己才更重要。沒有了對自己的愛，無論怎麼靈修來靈修去，我們都還是一塊腳踏墊。這就是爲什麼我認爲「愛自己」是多數靈修都缺乏的一項要素。當我們愛自己、看重自己，我們就不再覺得有必要努力原諒加害者。但有時候，我們必須徹底顚覆一些耳熟能詳的大道理。

舉例而言，如果有人傷害你或踐踏你，你要做的第一步並不是試著無條件地愛他們，如果這麼做感覺就是不對的話。除非是出於眞心，否則你不必怪自己小心眼，或逼自己無條件地愛對方，或如果做不到就判定自己沒修養。在這個過程中的第一步，應該是承認你受傷了，並且就像照顧內在小孩般把自己照顧好。你必須先照顧自己的情緒健康。這對腳踏墊性格的人來講是一大挑戰，因為我們很容易就會落入迎合他人的陷阱，一面試圖討好傷害我們的人，或試圖贏得他們的愛與認可，一面又努力要無條件地愛他們。

無條件的愛不代表任由別人踐踏你。你可以既愛這些人，又設下牢固的界線。你不會到不了極樂世界。你不會因為對自己好而造下惡業。一開始，你可能很怕做對自己最好的打算，尤其是當你沒有滿足別人的需求時，但久而久之就會越來越容易。你只需要找到適合你的方法。

最近我在工作上感覺自己被人濫用。面對某一家跟我有往來的公司，我覺得自己受到打壓、屈居弱勢。這家公司針對我某些作品的版權簽了一年的合約，合約已經逾期了，但他們還是繼續使用我的作品，而且打廣告說我是他們的內容提供者之一。我跟他們談了這件事，他們誤導我認為還有另一份合約在路上。感覺就像他們把我晾在那裡，不想放我走，同時又不承諾或支付新的版權費用。事情到了這個地步，我甚至不確定還想不想再跟他們續約，如果這就是他們對待我的方式。當時我手上還有很多計畫在進行，並有好幾位潛在的合作者，少了他們也沒差。儘管如此，這個情況還是讓我感覺像是受到校園霸凌的小孩。這家公司在業界赫赫有名，所以我不想搞砸這段合作關係，但我也不想受到剝削。

我找朋友聊這件事，朋友們提出了強勢的行動方案，其中涉及的衝突成分令我不舒服。後來有個朋友的提議深得我心。她建議我從自己的工作團隊中派一個代表，充當我的經紀人，去跟那家公司接洽，通知對方說由於合約到期了，我們打算向其他公司推銷我的作品。這位經紀人要申明我們是在找別家公司之前優先來找他們談，基於過去的合作關係，我們想給他們優先權（這就是我小時候那袋「無為餅乾」：給他們好處、卸下他們的心防，讓他們看到我們沒什麼好過不去的）。我立刻採取她的建議，從我的團隊中派了一個人過去。我新指派的經紀人堅決地定下期限，說是到了那時還沒得到回音的話，我們就會把作品賣給別人。

最後的結果挺神奇的。這個辦法賦予我莫大的力量，因為不用起衝突、沒什麼不愉快。接下來，在那種充滿力量的狀態下，我突然就收到其他公司提出的版權購買條件。最後，我接受了別家公司的條件，但之前讓我感覺受到剝削的那家公司現在對我尊敬有加。他們還是不斷回來問我要不要跟他們合作別的計畫，即使我沒接受，他們的大門還是爲我敞開。

我在一場工作坊中說了這個故事之後，學員紛紛開始分享他們以和平手段處理衝突場面的經驗，以及相對於當一塊腳踏墊，改採堅定有力的立場爲他們收到什麼成效。吉娜是一家小型出版社的作者，她分享了自己受到出版商剝削的經驗談。他們老是給她很低的版稅，即使她的書銷售成績很不錯。她甚至沒有經紀人，因爲她名氣不大，找不到肯收她的經紀人。吉娜很猶豫要不要跟出版社的社長攤開來談，爲自己爭取更高的預付金。所以，她決定把她寫的書稿寄給幾家出版商，看看有沒有人感興趣。不僅如此，她也算過由她自己出版賺的錢會多出多少。

吉娜成功找到另一家有興趣的小型出版社，而且他們開的條件比她目前合作的那家還高。有了這件武器，再加上她對自行出版潛在獲利的估算，她和出版社社長分享她的發現。即使吉娜態度和善，但如果對方不把價碼提高到跟別家一樣，她已打定主意要走人了。社長看過她列出的數據之後就提高了價碼，因爲他現在從她的作品中看到更大的價值了。

要爬出腳踏墊的處境，我們務必確保自己不要基於「寬恕是美德」的歪理，試圖爲剝削者或加害者找藉口，或白費力氣爭取他們的認可，或還沒準備好就急著逼自己原諒對方。許多人都爲「寬恕」一詞掙扎不已，尤其如果我們受到很重的傷害。但秉持著無爲的精神，各位不妨考慮將「寬恕」換成「放下」。換言之，你不是要「原諒」別人，而是要「放下」他們。把他們從你的人生中放出去，他們也就不再糾纏著你。只要把「我要如何原諒他們」的問題改成「我要如何放下他們」，爲自己著想、愛自己、看重自己，並且知道你有力量改變任何情況中強勢與弱勢的角力。

愛自己之鑰

要學會愛自己，我用的其中一個辦法就是寫出我的感受。寫日記很有抒發的效果。在日記上寫下你對下列問題的回應：

- 我是否太苛責自己了？
- 我是否讓人踐踏我、剝削我？
- 我是否無所不用其極地迎合別人，就算不惜損害自己？
- 我是否常常覺得疲憊不堪、耗盡心力？
- 我是否追著傷害我的人跑，一心想要贏得他們的認可？
- 我怕失望嗎？
- 我是否把時間給別人卻不給自己？
- 對自己好的時候，我是不是有罪惡感？

如果你對以上任何一題的答案是「是」，就表示你還有很多更愛自己的空間。

你可以列出如果你眞的愛自己會做哪些事，而且要誠實作答。舉例而言，你會不會花更多時間照顧自己——多運動、去散步、採買更健康的食物、煮更健康的料理、或是親近大自然？（這份清單的內容可能跟如何爲自己充電的清單重複。）或許你會回學校攻讀學位，或是報名你一直想參加的工作坊。好好列一份長長的清單，即使沒辦法每一件都做到，你可以致力於每天都做清單上的一件事，當作一個愛自己的表現。

愛自己讓我們有力量，一方面有力量去愛別人，一方面有力量遠離對我們不好的人。爲了幫助自己留在這個正面的空間裡，我所發明的其中一句眞言是：我只和愛我、珍惜我、欣賞我、感激我的人來往。這句眞言讓我把重心放在肯定我、支持我的人身上，而不是爲了那些視我爲腳踏墊的人，耗盡我的心力爭取他們的認可。

當然，我們都必須跟不善待我們的人打交道，無論是惡霸老闆、難帶的孩子或沒耐心的同事。這是難免的。然而，當你的電池充飽了電、整個人大放光芒，你就有更多精力應付棘手的問題，而不貶低自己或交出自己的力量。你堅定有力地處理這些人事物，而不淪爲受害者。

我想澄清一點：身心靈老師和靈修團體是很重要的。以我接觸過的來講，他們都是出於好意，他們傳達的訊息對全世界都具有正面的意義。只要切記一件事：在你的人生中，身心靈老師眞正的角色是幫助你鞏固自己的內在指引系統，而不是鞏固你對他們的信賴。你要從自己的內在汲取養分，沐浴在你自己的神性泉源裡。

練習

展現自身神性的靜心冥想

我常默誦這些字句。越常練習這個冥想，越能眞正感受到在自己體內流動的愛和神聖能量。這些字句可以不斷給你力量，所以我鼓勵你常常複誦。

「我是神性的一面，始終與神性相連。

我很強大，可以得到我所需要的一切。

隨著我的觀想，我感覺自己的能量擴充。
我是一個有靈性的存在。我是被愛的。
愛是我與生俱來的權利，而不是我必須努力求取的東西。
我放下心中所有的懷疑與恐懼。
我就是配得上、我就是值得。我有資格大言不慚地展現自己。」

6

當身體能量耗盡時，你可以這樣做

眞言：

「我的身體很聰明！我選擇聽它的話！」

在你靈修、磨練直覺、加深你和意識之網的連結、養成健康的小我時，一定要注意照顧自己和耕耘你對自己的愛。因爲共感人是那麼樂善好施，常常近乎病態地爲人付出，我們很容易耗盡自己的生命力能量。我已談過爲自己充電的必要，也說過我們的生命力能量就是電池的電力。

在療癒之路上，我們要把共感人的特質納入考量。這些特質包括容易把自己消耗殆盡、容易吸收恐懼和疾病的能量，以及因爲我們的人我界線不明、別人的意見感覺就像我們自己的意見，所以我們很容易受到心理暗示的影響。我們要學會保護自己，不把別人的疾病攬在自己身上，看待自身的疾病時也不採取別人的眼光。如果我們生病了，我們要知道如何積極參與自己的療癒過程。我們也要幫助生病的親人學會讓自己好起來。

醫療照護人員也需要一樣的保護機制。根據茱迪斯．歐洛芙的觀察，共感人很容易受到醫生、護士、治療師等工作領域的吸引，也很適合從事這些職業，因爲我們天生愛助人。我們是天生的救難人員、照顧者和治療師，而且憑直覺就知道別人的感受，所以會傾盡一己之力讓別人好過一點，因此我們是一流的醫療照護人員①。

一定有許多醫生和護士本身就是共感人，每天在白色巨塔裡吸收著林林總總的感受，更別提還要處理他們自己長時間照顧病患的工作壓力。身爲共感人，如果你是醫生、護士或其他健康照護人員，成天面對有情緒困擾、充滿恐懼或生病的人，那麼你就更需要緩衝的辦法，減輕你從病人們身上吸收來的能量。你要養成自我照顧的習慣，否則你可能搞不懂自己爲什麼總是很累或不斷染上別人的症狀。

所以，如果我們從事醫療專業或負責照顧親人，那我們要怎麼維護自己的健康呢？在照顧別人的過程中，要怎麼既當一個溫暖貼心、呵護備至的親戚、朋友或照顧者，又不累垮自己呢？我們要怎麼對病人感同身受，又不至於自己也生病呢？還有，我們要如何避免吸收他們因生病而起的情緒呢？

① Judith Orloff, MD, *The Empath's Survival Guide*, loc. 2509.

在我從事的工作中，我吸引到很多罹患癌症及其他疾病的人，生病引發他們深深的恐懼，我總想盡一己之力幫助他們。自從哥斯大黎加那位薩滿指出我會爲了別人犧牲自己，我就學會在帶領工作坊、座談會和靜修營之前，透過一系列的觀想活動先把自己照顧好。當我陪在身心受到病痛折磨的人身邊時，我會刻意在自己周圍打造能量場（參見第三章結尾「和宇宙意識之網相連的靜心冥想」練習），把自己保護起來。我也會確保我的生命力能量處於滿格的狀態（參見本章結尾「提升生命力能量的靜心冥想」練習）。藉由採取這些簡單的步驟，我不再因爲靠近生病的人而導致自己身體不適。再者，我也發現當我自己有滿滿的生命力能量，別人自然而然就會受到鼓舞。他們變得更愛笑、心情更輕鬆愉快，並表示說他們的恐懼似乎消除了。

用愛療癒恐懼

如前所述，我對癌症根深柢固的恐懼是從索妮確診開始的。我覺得如果她會得癌症，那我也會。在繼續談下去之前，我想聲明一點：雖然我的故事是關於癌症，我以癌症作爲談論相關課題的基準，但你面臨的可能是不同的疾病。無論你得的是多發性硬化症、紅斑性狼瘡、囊腫性纖維化、各種過敏症或慢性發炎症，這一章的心得、概念和觀察都適用。

索妮是一個很有活力的女強人，我以爲最不可能生病的就是她了。然而，生病的就是她。接下來，她確診不到幾個月，我們就接到消息說我先生丹尼的妹夫也得了病勢凶猛的癌症。這個消息甚至將我的恐懼埋得更深，因爲這兩個人的年紀都跟我很接近。我開始研究與癌症有關的一切及其成因。一開始，我這麼做是希望能幫得上忙；我想陪索妮一起對抗病魔。但我發覺自己讀的資料越多，就越害怕有可能致癌的一切。我開始認爲什麼都會致癌——殺蟲劑、微波爐、防腐劑、基改食品、陽光、空氣汙染、塑膠保鮮盒、手機電磁波……最終，我走火入魔到畏懼起活著本身來了。

丹尼的妹夫和索妮接受了完整的治療：化學治療、放射治療、動手術、移植幹細胞，總之能做的都做了，而我不見他們好轉。這下子，我又更恐懼了。我對癌症的治療方式充滿恐懼。我也很怕死。我做盡一切能避免我得癌症的事。我所做的一切，背後的動機都是不想得癌症。我的研究範圍擴大到如何預防癌症。我買了市面上所有號稱抗氧化、抗癌的保健品，諸如薑黃素、輔酵素Q10、Omega-3脂肪酸、綠藻、維他命C、綠茶精。我每天吃一堆營養補充錠。我自己種小麥草，這樣我才能每天早上摘新鮮的小麥草，打成精力湯來喝。我也開始遵循抗癌的飲食方式，吃綠葉甘藍、羽衣甘藍、扁豆和大量生食。

其他我聊過的人也做了一樣的事，無論他們生的是什麼病或害怕得到什麼病。他們採取生食、全植的飲食法，甚至爲此減少社交活動，或帶自己的食物去參與社交活動。吃得健康雖然是好事，但抗癌、抗病或抗任何東西的飲食法的問題，就在於它讓你著眼於自己想「抗」的東西。抗癌飲食法讓你著眼於癌症，而不是著眼於健康。有鑒於共感人很容易受到心理暗示的影響，我們甚至更容易罹患自己想對抗或想治好的疾病。事到如今，我把焦點放在健康、積極、活力和愉快的心情上，做維持這種狀態要做的事，而不再把焦點放在疾病上。現在，我相信的是促進身心健康，而不再滿腦子想著杜絕疾病。

但那時我走火入魔了。我根據最近讀到的文章、最新的發現改變飲食習慣。丹尼和我裝了一套逆滲透飲水系統。我們測量家裡的電磁場讀數，據以研判我們的居住環境需不需要大改特改。我一心認爲我這麼謹愼、一切以抗癌爲目的，想必不會得癌症。滿坑滿谷的營養補充錠要是漏吃一顆，我就怕得不得了，之後甚至加倍謹愼，把它彌補過來。我每一天都極力遠離癌症，被自己制定的養生法搞得疲憊不堪。我全部的重心都放在癌症上。而你也知道結果發生什麼事——我得了癌症。

所以，事情是這樣的：我因爲死過一次（而不是因爲罹患癌症），才領悟到重點不在於遠離疾病，而在於好好活著。重點在於對生活的熱情。重點在於把人生活到滿。當時的我並不明白，拚命維持健康的舉動適足以傳達「若不加以干預，身體就無法保持健康」的訊息給我的心理。暢銷書《信念的力量》（*The Biology of Belief*）作者布魯斯．立普頓醫生（Dr. Bruce Lipton）談到我們與生俱來的「復原本能」，他說：「從大約六歲起，大腦的模式就改變了。我們開始認知到自己在這個世界上是誰，而在多數人身上，我們受到的制約都凌駕了身體的復原本能。」②以我爲例，我所受到的制約就是「我要靠自己的努力才能維持健康」。其他我聽別人提到的制約還有「我們生活在一個有毒的環境中」、「我的體質很弱」、「我們家都是藥罐子」等自我破壞的信念。

共感人似乎容易受人影響而生病還有另一個原因，那就是我們老把別人的問題（甚至是這世界的問題）攬在自己身上。我們覺得有責任救苦救難、解決所有問題，萬一做不到，我們就很苦惱。事實上，我們甚至會有罪惡感。爲了減輕罪惡感，我們就和別人一起受苦。換言之，「如果你很痛苦，而我幫不了你，那我就跟你一起痛苦。」

一家小型企業的老闆寫信給我，說如果有任何一位員工加班，她就覺得有罪惡感。所以就算她的工作都做完了，她還是會待到每一位員工都下班爲止。結果她每天晚上都很晚回家，即使在她的五十人團隊中，多數人平均每個月只有一天晚下班。我對索妮也一樣，因爲我有罪惡感，所以我陪著她一起受苦。以我而言，得癌症就是我的身體在說：「夠了就是夠了！」有時候，我們的身體只能用這種方式叫我們放鬆。

和已故作家傑瑞・希克斯（Jerry Hicks）合著有《有求必應：22個吸引力法則》（*Ask and It Is Given: Learning to Manifest Your Desires*）和《吸引力法則》（*The Law of Attraction*）的伊絲特・希克斯（Esther Hicks）說過一段話：「幫助病人好起來是害自己生病的捷徑。幫助窮人變有錢是害自己變窮的捷徑。除非自己過得好，否則你什麼也給不了別人。」③所以，共感人要特別注意先把自己擺在第一

---

② Bruce H. Lipton, PhD, "Mind, Growth, and Matter," June 7, 2012, https://www.brucelipton.com/resource/interview/mind-growth-and-matter.

③ Esther Hicks, Abraham Hicks (workshop, October 2, 2004, Boston, Massachusetts), https://www.abraham-hickslawofattraction.com/2004102-boston-ma-mp3-complete-workshop-recording.html.

位，要愛自己就像我們的性命全靠這份愛，因爲事實上也的確如此。以下就是具體的辦法。

面對健康問題的四個療癒步驟

要是有我現在的後見之明，一旦面臨健康危機，我就會採取跟第一次截然不同的做法。之前那次，我和醫生談的第一件事就是有哪些治療的選項。我也諮詢了Google大神（這絕對是嚇壞自己的好辦法！），查閱了坊間所有的療法，包括另類療法和一切的一切。好意做了研究的朋友們又塞給我一堆資訊，其中有很多都相互矛盾，搞得我困惑不解、恐懼不已，壓力甚至更大了。再者，這些資訊全都著重於治療生理的層面，對我來講就意味著處理症狀，專注在疾病本身（軌線圖、統計數據、可能的結果），而不是背後的成因和健康。如今若是診斷出重症，我會採取的措施及我會給你們的建議，都跟我上一次的做法恰恰相反。我依重要性將我會採取的步驟羅列如下。

1. 問自己：「我可以對什麼說『不』？」

如果你很難對人說「不」、很容易為自己攬下過多責任，你首先就要問自己：「我攬下了什麼我不想做的事？」換言之就是：「我可以對什麼事說『不』？什麼事我明明想說『不』卻說了『好』？」

你可能是那種救苦救難、熱心助人的人，即使別人沒開口或不需要，你也會出手相助。或許是怕讓人失望，於是你不斷攬下多餘的責任。到頭來，你就為自己加諸了一重又一重原來不屬於你的問題。

這個步驟可用於大多數的小毛病。我就是這麼做的。如果你感覺快感冒了，或者身體這裡痠那裡痛，不妨列出所有你目前正在處理但不想做的事，然後一件一件鼓起勇氣去說「不」。你不會後悔的。

一定有那種再怎麼累人的事也非做不可的時候，即使你實在不想做，像是照顧有需要的人（有特殊需求的孩子或年邁的父母），這些責任可能涉及我們愛的人。如果你有諸如此類的情況，不妨承認這種狀況的存在，承認它占掉你大量的精力，然後藉由做一些讓自己快樂的事來恢復元氣，爲自己的電池重新充飽電。

千萬不要爲了照顧自己的需求而自責。允許自己抽出時間去做你樂意的事，完全只爲自己高興。做什麼都好，不要有罪惡感就對了。

此外，你也可以把責任變成好玩的計畫或遊戲，尤其如果你照顧的是小小孩。發揮創意把責任和家務變好玩。有時候，減輕負擔只是一個轉念的事。

2. 學會打開你的接受通道

學會接受很重要。要找到你是哪裡不准自己接受別人的好意，釐清自己是否一心迎合別人或只施不受。要學習敞開心扉，欣然接受。

可以從小地方開始。比方如果有人讚美你，大方接受讚美說「謝謝」就好了，無需推辭。如果有人送你禮物，不必覺得有禮尚往來的壓力，非得想出要回送什麼不可。讓回報對方的機會自然降臨就好，否則欠了一筆人情債的感覺就壞了那份禮物。

對很難說「不」又很難接受別人好意的人來講，健康亮紅燈往往是身體想救我們脫離目前的生活模式，或逼我們做出改變，就像索妮生病時，我因爲罪惡感太重不爲自己做任何事，身體就對我發出了警訊。

3. 燃起對生命的興奮與熱情

接下來，找到辦法燃起對生命的熱情。問自己：「如果我現在健健康康、無病無痛，那我要拿餘生做什麼？」還有，不管答案是什麼，立刻就去做，或至少開始朝那個目標努力。

健康亮紅燈有可能是一記警鐘，暗示你目前的生活模式有損自己的生命力能量。多數人往往會把焦點放在疾病上，苦思如何把病治好，治好了就又回到生病前的老樣子，殊不知一開始就是那種生活模式害我們生病的。所以，找出讓你充滿喜悅、活得起勁的生活方式很重要。

問自己：「爲什麼我想好起來？爲什麼我想拿回我的人生？我想回去過有損能

量的生活嗎？我會不會花更多時間陪我愛的人？我會不會做更多新鮮有趣的事？放更多假？少工作一點？做我高興做的事？追隨我的熱情？找到我眞正的熱情所在？」這些是我建議你在治療過程中探索的問題，因爲重點在於燃起過日子的熱情，找到活下去的動力，給自己健康、強壯、長壽的理由。

對我來講，活著的理由是決定我健康與否的一大要素。我存在的意義是什麼？我覺得自己有目標嗎？我要很清楚自己爲什麼活著、爲什麼維持健康。如果你困在一份自己痛恨的生活裡，那就沒有追求健康的動機了。

如果我的健康亮紅燈，我會開始踏上自我發現之旅。如果你亟欲成爲什麼人或很想做某件事，不要壓抑這股熊熊的渴望，因爲那就是你內心的呼喚。我很愛「呼喚」這個詞，因爲在我感覺起來，那就像是未來的我在呼喚我走向未來。

要找到內心的呼喚，有一個辦法是運用你的想像力。當我放任自己盡情想像，我就會和某種美好又令人興奮的東西接上線——對我來講，那是我的第六感、我的直覺，以及我的高我。當我描述這種「連線」的情形給人聽，大家的反應通常是：

「喔，那只是你的想像。」但為我揭露內心的呼喚和目標的正是這份想像，是它幫忙連接我和我的靈魂。

在外界的制約之下，許多人莫名認為遵從內心的渴望與呼喚是自私的行為。不是這樣的。當你壓抑自己的想像，當你壓抑內心的渴望與呼喚，你其實是在壓抑自己來到這世上要做的事和想成為的人。

我體認到我的靈、我的魂、我的高我是用我的想像來和我溝通。我相信每個人都是這樣的。正如愛因斯坦所言：「想像比知識更重要。因為知識是有限的，想像卻是無遠弗屆。它刺激人類進步，帶來人類的進化。」④所以如果你想找到自己在這世上的位置、找到自己和萬物眾生的連結，就釋放你的想像力吧！

---

④ Albert Einstein, *Einstein on Cosmic Religion and Other Opinions and Aphorisms* (Mineola, NY: Dover Publications, 2012), Kindle edition, loc. 356.

4.問自己：「我要怎麼協助我的身體？我有什麼治療的選擇？」

健康出狀況時，我們關注的第一件事往往是治療的選項。要是有我現在的後見之明，一旦面臨健康危機，而且情況並不緊急，那我就不會把治療的選項擺在第一順位，因爲立刻一頭栽進對相關療法的研究只會製造恐懼，而當務之急是不要懷著恐懼，好好照顧自己。喬・迪斯本札醫師爲凱莉・諾南・戈爾（Kelly Noonan Gores）的《超癒力》（*Heal*）寫了一篇序言，他在那篇序言中強調壓力「會打亂身體的平衡」⑤。我們要在放鬆的狀態下讓身體復原。所以，第一步是消除恐懼，連帶消除恐懼對身體造成的壓力。接下來，研究治療的選項就不會壓力那麼大，你接受的療法也更有可能奏效。

所以，我認爲第四個步驟就是學習協助你的身體。一邊找出自己的熱情與目標，一邊看看你有什麼治療的選擇。你還是可以做功課了解有哪些療法，但我會更著重於步驟一、二、三，即使傳統療法甚至沒有把這三個步驟納入考量。

在找尋治療身體症狀的方式時，我建議你掌握自主權，選擇自己覺得安心可靠的療法，並選擇讓你覺得安心可靠的醫護人員。

以下是我和拒絕聽我意見的主治大夫互動的一個例子。我去找那位醫生做例行檢查。除了血壓過高，檢查結果一切正常。我很訝異，因爲我的血壓通常過低，所以我請她重新量一次。再量一次還是很高。醫生覺得不對勁，便叫我過幾天再回去檢查一次。

幾天後，我又回去了。我的血壓奇高無比。她開了降血壓的藥給我。我很討厭吃藥，所以我試著提出我的主張，問她有沒有天然產品可以達到一樣的效果，但她斷然回絕道：「沒有，天然產品靠不住。」我服了幾天降血壓的藥，卻開始感覺很不對勁。我渾身無力，還有點頭暈。於是我回去找醫生，這次我的血壓在正常範圍內。有鑒於我在服降血壓的藥，有這種結果也不奇怪。儘管有副作用，醫生還是堅

---

⑤ Kelly Noonan Gores, *Heal: Discover Your Unlimited Potential and Awaken the Powerful Healer Within* (New York: Atria Books, 2019), 4.

持要我繼續服藥，因爲結果證明有效。

又過了頭暈、無力的一個星期，我決定自己去藥局買血壓計回來。一量之下，我看到我的血壓低得出奇，遠比正常數值低得多。於是我跳過兩天不吃藥，再量一次血壓。我的血壓是正常的。接下來幾天，我天天量血壓，發現不吃藥的數值也是正常的。除了只有在診間裡量才特別高之外，我想不透這一切是怎麼回事。我Google了「診間高血壓」，竟發現血壓在給醫生量的時候飆高是很正常的現象，這叫做「白袍症候群」（White Coat Syndrome），意思是我們在看醫生時心理壓力攀升。我帶著我的發現去找醫生，她只是聳聳肩不以爲意。她很清楚白袍症候群，後來她就沒再叫我吃藥了。

這位醫生讓我很不舒服，我就找了另一位歡迎我提出意見、願意跟我一起探索另類（天然）療法的醫生。我的意思不是醫生應該請病患自行診斷和開立處方，但醫生應該將我們的意見、直覺和偏好納入考量。

你要找了解你、了解如何和共感人合作、看待這世界的方式和你一致的醫生。

舉例而言，共感人對醫院特別敏感，很容易就會害怕。所以，你要選擇的醫生非但不能灌輸你對疾病的恐懼，還要能鼓勵你著眼於康復及開創身心健康的生活。無論你選擇正統療法、另類療法或兩者綜合，都要隨時注意自己的狀況，看看這些療法是讓你覺得自己走在康復之路上，還是讓你覺得身體受到殘害。選擇讓你感覺邁上康復之路的療法很重要。

我建議你拒絕那些讓你對疾病充滿恐懼的醫生或療法。之前，我既怕照醫生說的做，也怕不照醫生說的做。我全權交給醫生處理，因為我不想惹他們不高興。即使我的直覺大叫說我需要別的東西，我還是不敢違背醫生的意思。結果，我懷疑自己的能力，而我越是懷疑自己，我就病得越重。

在我的工作坊，我聽過學員分享類似的經驗。一位女學員決定靠自己。她對自己的預後恐懼不已，而且醫生一直要她專注在疾病上，而不是專注在康復上，她覺得醫生這樣是在幫倒忙。於是她鼓起勇氣「開除」這位醫生，找了另一位醫生。她必須先獲得家人的支持。在成功說服家人之後，她就去看一位共感人朋友大力推薦的醫生。和這位新的醫生合作之下，她覺得自己更有自主權，更能掌握自己的康復之路。後來，她的身體完全康復了，但她表示，相對於一邊對抗疾病、一邊和自己的身體作對，有一位支持她把重心放在健康上的醫生，這條路走來要容易得多。和新的醫生合作，她這一路上可以保持樂觀的態度和愉快的心情，而不是時時擔心受怕。

身體比我們以爲的更聰明、更強大、更有適應力。我們的心態和心情是康復過程中的關鍵。我們要先照顧自己的情緒健康，並對治療我們的人有信任感，相信他們也能敏銳察覺到我們的心理和情緒健康。

無論是正統療法，還是能量治療之類的另類療法，面對不同的治療選項時，我會請你問問自己：「哪一種選項讓我感覺更有力？如果要想像我的生命力能量，哪一種療法讓我覺得我在增加體內的生命力能量？哪一種療法讓我覺得是在滋補自己？」

選擇深得你心的療法，跟支持你的團隊合作。爲你提供醫療照護的人員要讓你覺得自己的選擇很好，而不是讓你困惑或恐懼，只因你的選擇不是他們自己會採取的方向。盡量不要讓周圍充滿令你懷疑自己的人。你要對自己選擇的療法有信心，而周圍的人要讓你覺得你走在康復之路上。關於如何從現況進步到健康，再從健康進步到活力四射，爲你服務的醫護工作者也要支持你的選擇。你要跟能夠支持你的團隊合作，並讓自己被願意支持你的親朋好友包圍。

在我自己生病的過程中，我被意見相左的人包圍。大家對我該怎麼做都有不同的意見，而所有的意見都讓我更混亂。下一次，我會確保不再發生這種情形。我要麼是讓自己被認同我、幫助我、鼓勵我的人包圍，要麼是離別人遠遠的，直到我完全康復了爲止。

把生命力能量最大化

我想在此針對「生命力能量」的概念談得更深入一點。同前，生命力能量也稱之爲「命根氣」或「性力」，亦即在每個人體內流動的力量或宇宙能量。在我認爲，療傷治病的重點盡在於將生命力能量最大化，讓身體靠那股能量痊癒，而不是依賴藥物、手術及其他醫療程序。然而，不容否認，必要時還是需要這些治療方式。有時候，在你學習爲自己提升生命力能量時，你的能量可能已經耗損到需要藥物或手術幫你爭取時間。

爲了更詳細地說明我所謂的「生命力能量最大化」，我要請你運用一點想像力。在前面談到「運氣」的段落中（參見102頁），我曾請你想像自己可以「看見」生命力能量，我也請你想像它看起來的模樣。接下來的練習就是以前述練習爲基礎。

那麼，現在找一個不會被打擾的安靜場所，如有可能也可以放點舒緩的音樂。

治療所的測試

想像你在一間美輪美奐的療癒場所，坐在一張舒適的可躺式沙發椅上。一名檢測人員在你的手腕上綁了一條測量情緒和活力反應的帶子，帶子連接到一面小小的螢幕，供檢測人員監看。

她有一份用來引起情緒反應的問卷，結果會顯示在螢幕上。檢測人員逐一問你問題，你會在思考問題和答案時注意到自己情緒的起伏。想到你的孩子、寵物或愛人時，你可能心情很愉快。想到讓你很累的人或你不愛做的工作時，你的心可能猛然一沉。浮現這些感受時，你會注意到量表上的活力指數比原始基準線高或低，端賴你的感受而定。你可以自己設定數值範圍，例如介於一分到二十分之間，在這個範圍內爲你對每個問題的反應打分數。

檢測人員的問題好像問也問不完，這些問題也彷彿有各種排列組合。一切都根據你的答案記錄在測量儀器上了。

你可以自創問卷內容。練習過程中，臨時想到什麼問題就加到問卷上。以目前來講，接下來這些是她問的問題。你想像她逐一問你每個問題，並花時間將你的身體反應讀取到螢幕上。

- 你寂寞嗎？
- 你目前的感情狀況如何？
- 在你的人生中，有沒有你愛的人和愛你的人？
- 你覺得你的人生有目標和意義嗎？若有，告訴我你的目標和意義是什麼。
- 你覺得生活中有喜悅嗎？
- 什麼事帶給你喜悅、讓你快樂？
- 什麼事讓你害怕？什麼事讓你壓力很大？
- 你對你目前的財務狀況有什麼感覺？
- 你喜歡自己每天在做的事嗎？如果不喜歡，你覺得自己是因爲不得不做才去做嗎？也就是說因爲你別無選擇或無法脫困？
- 想起童年歲月，你的感覺如何，或你感覺到什麼？（愛？溫暖而安心？心力交瘁、充滿恐懼？）
- 想到家人，你感覺到什麼？（愛？溫暖而安心？心力交瘁、充滿恐懼？）

- 家庭成員中是否有特定的人造成你的這些感受？（愛？溫暖而安心？心力交瘁、充滿恐懼？）
- 你有寵物嗎？若有，和牠相處或想起牠來有什麼感覺？
- 生活中是否有讓你心很累的人？你非和他們相處不可嗎？

答完這一組問題之後，檢測人員接著問你關於你吃的不同食物的問題。

- 你最愛的食物有哪些？
- 你最不愛吃的食物是什麼？
- 有什麼食物是你很愛吃但不吃，因爲你認爲那些食物不健康？
- 有哪些食物你不愛吃但還是會吃，因爲你覺得吃了對身體好？
- 有哪些食物是你愛吃又對身體好的？
- 哪些你愛吃也確實會吃的食物是對身體不好的？

她一一請你想想這些食物，接著查看量表上的活力反應——哪些食物提升你的活力？哪些食物降低你的活力？在許多情況下，答案可能連你自己都很訝異。

舉例而言，冰淇淋實際上可能提升你的活力，因爲你吃冰淇淋就開心。相形之下，小麥草汁可能降低你的活力，因爲你很討厭它的味道。長久以來，你卻認爲吃冰淇淋對你不好、喝小麥草汁才健康，所以一直避吃冰淇淋而大喝小麥草汁。但也有可能小麥草汁之類的產品讀取到的活力指數很高，因爲你覺得自己在做的事是爲身體好，而光是「爲身體好」這一點帶來的滿足感，可能就足以讓你的活力指數升高。

接下來，檢測人員問你各種不同的活動，依據活動的類型測量你的活力指數，看看哪些活動讓你感覺比較起勁，釋放出的生命力能量指數較高。你可以在事前擬好問卷內容，也可以一邊測量一邊設計問題。以下是一些例子：

1. 你最愛哪一種運動？如果答案是瑜伽，還可以細分成不同類型的瑜伽——熱瑜伽、昆達里尼瑜伽、哈達瑜伽、流瑜伽。如果是游泳，你喜歡去游泳池、湖泊還是大海裡游泳？

2. 晚上出門你最愛的活動是什麼？如果是出去吃飯，你偏好哪一種料理？哪一類型的餐廳——輕鬆悠閒、豪華正式，還是戶外野餐？你最愛的夜間活動或許是看電影，若是如此，你最愛看哪一類型的電影？

3. 音樂：這一項是我的最愛。不同類型的音樂會激發不同的心情和不同的活力指數。檢測人員讓你聽各種音樂，並測量和記錄你的活力指數。由於每個人對音樂的反應是很主觀的，你會知道確切是什麼音樂提升你的活力。這項練習可以讓你找到適合你個人的音樂，如此一來，你就可以提升自己的活力指數、促進復原的作用。

4. 日常活動：你喜歡逛街、超市採買、開車、和親人共進晚餐嗎？

5. 假日活動：或許你喜歡單車之旅、露營、參加導覽行程、爬山或登山，或是參觀主要都會區、偏遠的鄉村或宗教聖地。或許波羅的海郵輪之旅是你的菜。或許在豪華度假村一連放鬆幾天正合你意。

結果評估

回答這些問題之後，你會收到一份完整的評估報告（你可以回顧自己的答案，練習自己評估結果），報告中提供以下幾點資訊：

- 目前的生活中，主要有哪些領域在耗損你的生命力能量，例如是因爲你很孤單、你不喜歡你的工作或無論任何原因。
- 有什麼人事物能提升你的活力。以我個人而言，答案可能是看喜劇、聽舞曲、買鞋子、被一些開心果或能讓我自在做自己的人包圍。
- 生活中有誰在消耗你的心力。
- 如何提升自己的活力並爲自己充飽電，包括如何快速達到提升活力的效果，例如收聽對的節目或音樂、參與對的活動，或是和對的人聯絡、交流。
- 哪種食物能振作你的精神、爲你補充能量，哪種食物不能。

這些資訊都是按照你的生活模式，針對你個人量身打造。爲了保持活力（少做消耗生命力能量的事，多做補充能量的事），在我想像的治療所中有一位個人顧問或教練，協助你處理愛自己、自我價值、人生目標和孤單寂寞等問題。他也會鼓勵你聽音樂、看你有興趣的書、上瑜伽或靜坐之類的課程，這些都是在治療所裡就能取得的資源。這位顧問可能也會鼓勵你暫時脫離高科技產品、社群媒體和新聞（至少一段時間）。如果你比較喜歡一個人靜靜待著，治療所裡也有合適的空間。

重點在於如果你長期保持豐沛的生命力能量，你的身體自己就會有復原的能力，而且自動就會把多餘的能量用來自癒。如果你是一個生命力能量很強大的人，你的身體就有可能也很健康。若非如此，那麼我想再次強調幾種常見的生命力能量耗損法，這些做法要麼會害我們生病，要麼會妨礙病體的復原。

- 爲人付出到油盡燈枯的地步，卻不懂得接受別人的付出。
- 不知如何爲自己充飽電。

- 做自己樂在其中或爲自己好的事就有罪惡感。
- 認爲自己不値得或不配得到好東西。
- 一天到晚壓力都很大，或許是因爲人際關係、財務狀況或工作。
- 長期孤單寂寞、悲痛心碎或受盡某種創傷的折磨。

如果你是一個共感人，又有迎合他人、不會說「不」、老是攬下不想承擔的責任與義務等傾向，你有可能一直在耗損自己的能量。透過治療所的測試，你馬上就能看到你在消耗自己。

想像眞有這種治療所的存在，我們就能清楚明白若是長期處於這些情況下，身體和健康一定會出問題。教練或顧問可以從我們身上測出具體的結果，並從旁指導我們脫離這些處境，幫助我們設下界線，訓練我們養成更好的應對技能和更強的自信心。教練（以這個練習來講就是你自己）也會幫助我們營造更多提升活力的情境。在我的夢想中，這些治療所是未來世界的一部分，但就目前而言，你可以自己扮演患者、檢測人員和教練，自創療癒身心的環境，多了解自己的生命力能量一點。你也可以爲你要幫助的人扮演檢測人員的角色，問那個人問卷上的問題；或者，你也可以請別人爲你扮演檢測人員的角色。

維持生命力能量的一個基本要素，就是讓自己身邊包圍著能在一路上給你支持、爲你激發生命力能量的人。在你身邊的人要能將你視爲有夢想、有抱負的正常人，而不是一個久病難癒的病人。他們跟你說話的方式要能把你當成一個完整的人、一個有光明前途可以展望的人。讓自己身邊包圍著能夠振奮你的人，疾病和疾病相關的恐懼就能從你的意識中去除。

我在前面提到過布魯斯．立普頓醫生，他在《信念的力量》一書中寫道：「信念（亦即心的能量）直接影響到大腦對生理機能的控制。」⑥

⑥ Bruce H. Lipton, PhD, *The Biology of Belief* (Carlsbad, CA: Hay House, 2015), 10th Anniversary Edition, 118, Kindle edition, loc. 2119.

對我來講，這是相當強而有力的一句聲明，說這句話的還是一位細胞生物學家，而喬・迪斯本札醫師也呼應了這句話。在《你就是安慰劑》一書中，他談到想法如何帶來生理上的改變。當你想著積極正面、煥然一新的想法，這些想法就會變成感受，感受又「加強了這些想法」。所以如果你身體不舒服，「你的想法要積極正面……直到積極正面變成你新的存在狀態爲止。」⑦

我在前面提到過，我們都是巨大的意識之網的一部分，彼此由看不見的「絲線」相連，所謂絲線其實就是能量。能量很強的人將能量分給能量很弱的人，這是一件好事。明白了這一點，就不難明白我們爲什麼有義務讓自己活得健康快樂，因爲這樣才能爲意識之網、爲這個世界、爲我們自己的家庭帶來一個健康快樂的自己，如此一來，我們也才會對能量之網有貢獻，而不是一味汲取它的能量。

---

⑦ Dr. Joe Dispenza, *You Are the Placebo*, 131.

練習

提升生命力能量的靜心冥想

每當覺得能量耗盡或精神不振，又或者覺得自己狀態很好、想要保持下去，你都可以練習這個靜心冥想。

「我看見一道光從天而降，從我的頭頂進入我的身體。

那道光選擇什麼顏色，我就讓它成為它要的顏色。

隨著那道光進入體內，一路從頭、頸來到胸腔，我沐浴在光芒之中。

它在我體內打轉，流向我的手腳，把我體內的緊繃洗得一乾二淨。

那道強光熱力四射，在我周身形成一圈光暈。

我可以控制這道光的亮度；我把它調得越亮，我周身的光暈就越大片。

光暈越大片，我的能量就越強大！」

【第三部】

你和世界的關係

7

由內而外蛻變成真正的你

眞言：

「我不只是這副肉身！我是永恆的存在！」

根據我的親身經歷、我讀到的資料，以及我從別人那裡聽來的故事，共感人的蛻變之旅分為兩個階段。我已經談過第一個階段了：我鼓勵各位認識自己身為共感人的特點，也提供了認識自己的辦法。我是在瀕死過程中認識到自己是誰，但你也可以透過冥想、草藥醫學、身心靈教誨達到一樣的效果，或只是在街上走著走著就突然開竅了，總之任何方式都可以，只要能讓你體驗到另一個世界、看見天堂、擴大看待現實世界的眼界，或明白自己為什麼在這個世界上。

第二階段則是如何由內而外，在蛻變之後建立你和這個世界的關係。在這個階段，我們要將自己的體驗落實到日常生活中。這也是共感人覺得比較辛苦的階段，而共感人之所以覺得辛苦不是沒有原因的。當汽車喇叭轟然作響或手機鈴聲響得很急，在各種可能發生的干擾之下，你還要保持對自己的愛、堅守你和內在神祕家及宇宙意識之網的連結，自然是很大的挑戰。所以，我想讓你知道如何將那份內在的覺醒落實到外在世界中。

你的滷汁裡有什麼？

我將個人的成長背景稱之爲「滷汁」。主流文化就是一種滷汁，我們浸淫其中，將主流文化中的觀念奉爲眞理。每個人都浸泡在特定的思想滷汁、信仰滷汁和行爲滷汁裡。蛻變的經驗暫時把你從滷汁裡撈出來，讓你從超然的角度綜觀人生及你在人生中的位置。歷經這種蛻變之後，你就很難再融入同一碗滷汁中了。儘管每個人都在不同的滷汁中長大，但你的主流觀念可能也是：我們都是獨立存在的個體，而且是純屬有形肉身的一種存在，必須彼此競爭，因爲沒有足夠的資源（金錢、工作、食物、情感、讚美、關愛……）可滿足所有人的需求。但事實上，如我所言，我們都是一體相連的。但不是每個人都會同意這種觀點。

死過一次剛回到人間時，我深深領悟到：我一直以來被灌輸的觀念和我從另一個世界學到的東西背道而馳。而我從另一個世界學到的東西讓我充滿無邊的喜悅。我以爲世人會有興趣知道我學到什麼。但當我開始分享的時候，多數人卻對我提出質疑，因爲我所說的一切跟學校、文化或當今醫學典範教的相反。我學到的一切跟這世上的觀念南轅北轍，所以大家眞的很難相信我說的話。我必須承受反對和批評的聲浪，同時堅守我學到的東西。爲能禁得起這些挑戰，我用了我在本書提出的辦法——把重心放在愛自己、和內在的神祕家聯絡、聽從我的直覺、維持強大的生命力能量。我必須勇敢無畏地做自己。

就算知道無論現實中發生什麼事都傷害不了我們（我們的能量永不消逝），但當周遭每個人都在制約下對異己抱持懷疑與敵意，在這個人世間行走就還是會很累人、很傷神。你也可能覺得孤單極了。但你會找到自己的路。當你忠於自己、活得眞實，你很快就會吸引到跟你同路的人，你也會對不同路的人有更多的愛與理解。

矛盾的地方在於：有過超然的體驗之後，要活在這個世界上，並將我們的領悟與塵世經驗結合起來，可能是很大的挑戰，因爲別人看待現實的方式跟我們不太一樣。但如果深刻的領悟、超然的體驗只是導致我們成爲避世的隱士，那活在這個人世間就沒有意義了。我們還不如留在我們的起源地——我們從那裡來、死後也將回到那裡，既是來處也是歸處的那個無形世界。

所以，再次重申，更大的挑戰不在於擁有超然的精神體驗，而在於回到人世之後將那份體驗落實到塵世生活中。一旦有過這種體驗，我們就再也忘不掉了。這不像睡覺時做了個夢、天亮就煙消雲散了。絕非如此。超然的精神體驗比塵世的現實感覺更眞實。相較於超然的現實，塵世的現實才像幻境，才像……一場夢。你沒辦法選擇忘掉。已經知道的事情，我們沒辦法變得不知道。事實上，隨著時間過去，那份體驗感覺起來只會更眞實，因爲我們看到在超然的國度體驗到的一切在塵世生活中彰顯出來。儘管如此，我們還是有迷失的時候，因爲有形世界會一而再、再而三地挑戰我們，要我們懷疑那份超然的體驗、只相信五官能夠感知的東西。所以，我們要創造和那個國度保持聯繫的資源。

自從有過瀕死經驗之後，我結識了許多有相同經驗的朋友，他們也同意我的說法。但話說回來，別忘了這只是個人經驗。我是這樣覺醒的，我結識了這樣的一群人，但人要蛻變有各種途徑。我認識的一位醫生在他的瀕死經驗後放棄了行醫。他因爲心臟病發差點喪命。恢復健康之後，他轉而著重於能量治療，因爲他現在明白能量對健康的重要，一個人若是覺得有活力，身體就會更健康。一開始，家人並不支持他的決定，因為一家人的經濟就靠他行醫的收入。然而，對他來講，金錢不再是優先考量了。他有了明確的目標，而他的目標凌駕於一切之上。久而久之，家人也學會支持他的決定，因為他知道那是他的目標，而且他回不去了。

一份超然的體驗（無論你是如何達到的）就像一道敞開的傳送門，邀請你穿過去。這份體驗永不褪色。我想每個有過瀕死經驗的人都有同感，至少和我聊過的人皆是如此。那就像一扇打開就不會關上的門。那份大徹大悟的智慧永遠不會消失不見。一旦穿過那道門，你的人生就跟過去再也不一樣了。

穿過那道門重返人世之後，我的人生跟之前再也不同了。新的人生在我面前展開。瀕死過後的幾星期，我看著自己的身體痊癒，復原狀況超乎任何一位醫生的預料。但由於當時我處於一種百毒不侵的狀態，所以我覺得身體的復原很正常❶。現在，我體認到自己一直以來都扮演著受害者的角色。要是早知道怎麼做，我就會隨時拿出自己的力量，開創屬於自己的人生。我體認到我不必等別人認可就有力量。

那股力量一直都在。我只是因為浸泡在滷汁裡而看不到。受害者心態、性別不平等、自認低人一等就是我的滷汁或文化制約。如今這些觀念和感受都不見了。我再也不能回去當以前的我，因爲舊的我已經不存在了。

所以，底線是忠於新誕生的你。勇敢無畏地做自己。其他的一切就會自動歸位。

濾鏡效應

創傷經驗在我們心裡烙下深深的印象，讓我們戴上眼鏡或隔著濾鏡看待這個世界、塑造自己的人生。你的濾鏡可能是：我活在一個必須努力求取成功的世界，因爲我要和所有人競爭才能證明自己；資源不夠每個人用，如果我不跟人搶，資源就

❶ 詳情可參見作者前作《死過一次才學會愛自己》，作者談到瀕死經驗讓她明白「其實我們生來就具備了一切所需的資源，從死亡邊緣回來後，有很長一段時間我都覺得自己百毒不侵」。

會被別人搶走；日日夜夜、時時刻刻，我都必須不斷證明自己的價值。

想像你小時候受過霸凌或根本就是受虐兒，又或許父母吝於給你讚美，這一切都可能破壞你看待世界的眼光，導致你畏懼他人或只信任極少數的人。或許因爲人生經驗的緣故，你對陌生人充滿懷疑。換言之，你隔著一層不信任的面紗看待這個世界；抑或你總是惴惴不安地預期著更糟糕的結果，也因此你總是打安全牌；再或者如我們探討過的，你根據別人的認可來做決定，或你專做不會引起衝突的選擇。

成長過程中，外貌的差異和隨之而來的嘲笑與霸凌害我以爲自己長得不如人。學校裡有個男生很直白地說過我很醜。這句評語在我心頭揮之不去，而且我信以爲眞。因爲我眞心認爲自己很醜又不如人，這些自卑的想法就變成有色鏡片，我透過這副有色鏡片看待這個世界，結果我變得極其害羞。我想躲開這個世界，我怕被別人看到，因爲我不想被人品頭論足。我看待世界的眼光使得我成爲一個內向的人。這副眼光令我自卑，它改變了我對自己的觀感，影響了我對周遭一切的體會。

但如果小時候大家都說我長得超美超可愛呢？我看待這世界的眼光就會截然不

同，我對這世界的體會也會很不一樣。

當然，那副美得冒泡的眼光在往後的人生中也可能有它的問題——如果你失去了美貌，或許你會產生前所未有的不安全感。但大致說來，童年經驗對我們如何看待這世界的影響很大，而且似乎永遠無法磨滅。

我們無法控制兒時發生在自己身上的事，長大成人之後，我們似乎還是背負著兒時的包袱，而且常常是不自覺的。我們還是透過那副不再適用的老舊眼光看待世界。我們以爲自己看到的是眞相，但實際上我們是透過自己的濾鏡看這個世界。舉例而言，長大成人之後，有一次在登機時，我被隨機挑選出來做安檢。我心裡立刻就想：「我是因爲種族的緣故被盯上的。」說起來，那可能眞的只是隨機抽檢，但我的腦袋假設這其中有種族歧視的成分，因爲在成長過程中，我一直受到種族歧視。我的經歷造就了我看待自身遭遇的眼光。

我一直不知道自己受這副眼光影響有多深，直到在一個社交場合上碰到一位舊識。想當年認識他時，我們都是十九歲，我偷偷暗戀他，但我覺得自己太醜了，配不上他。令人訝異的事情發生了：我們聊起彼此的近況，聊著聊著，他透露說當年他眞的很喜歡我。他本想約我出去、多認識我一點，但我似乎總是很有距離感。

我聽了大吃一驚。那也是我人生中恍然大悟的一刻。他接著又說：「你吸引我的其中一個地方，就是你渾然不知自己多麼有魅力。」

那次談話讓我看到我們還是透過小時候形成的「濾鏡」看世界，而我們對自己的負面觀感就可能成爲自證預言，爲自己招來了被人拒絕的挫折感。以我爲例，我一直抱持著自己不配的想法。這就是我們如何基於過去的制約，塑造自身的現實和周遭的世界。

在制約之下，我們以爲自己看到的就是眞實的世界，而我們的內心只是隨著外界發生的事情產生反應，但實際上正好相反。由於我們看待外在現實的眼光被內心的「濾鏡」扭曲了，所以我們是對扭曲的現實產生反應，甚至不知道外在現實是內在自我的鏡像。

我們的眼光要能越過這些濾鏡，才不會聽別人說了什麼就信以爲眞，也才不會落入迎合別人、博取接納的需求中。而要做到這一點，我們則可以用我在本書教的辦法——愛自己、諮詢並傾聽內在的神祕家，以及和宇宙意識相連。我們要把自己放大，而不是爲了遷就錯誤的自我認知而縮小自己。

拿掉濾鏡看一看

在我瀕死之際，感覺就像所有濾鏡都消融了，我看到眞實的自己。我體認到我不是我的身體、形象、種族、文化、性別，或任何讓我覺得跟別人不一樣的東西。這些都是濾鏡，都是這個有形世界的一部分。性別觀、種族觀等等的觀念成爲我們評斷自己和他人的濾鏡。

這世上的主流觀念是：我們僅只是有形的存在，如此而已；外在的現實就是眞實的世界，內在的現實純屬我們的想像。一般普遍認爲，若是不喜歡外在的處境，我們可以強行改變它，不管是透過努力，還是透過耍手段或用蠻力，這些都是試圖對外在現實施以某種控制的方法。

我個人的瀕死經驗、我讀過和聽到的許多大徹大悟的故事、古聖先賢的教誨，乃至於前面引述的量子力學的發現，這一切都再再顯示出眞相和這世上的主流觀念相反。若是不喜歡外在的處境，我們要做的是求諸於內，或許下功夫多愛自己一點。我們必須著眼於拿掉濾鏡、放下定見，讓內在世界的光芒發射出來，映照到外在的有形世界中。

對共感人、迎合者、以及讓自己淪爲腳踏墊的人來講，蛻變之後的人生甚至更具挑戰性。如我所言，共感人橫跨兩個世界——有形（外在）世界和個人（內在）世界。因爲共感人對自己的內在世界很敏感，我們不斷感應到帶來蛻變的眞知灼見和內在指引。然而，由於蛻變是來自內在，所以如果你是一個迎合者，那就連最強大的蛻變都可能很難落實到外在世界中，因爲你強烈意識到別人對你的想法與期望，而你又想要融入人群，不想惹任何人不高興。

我們的濾鏡有許多都是恐懼形成的，這份恐懼導致我們認爲自己不夠好。想像脫掉你的有色眼鏡，以不同的眼光看世界！拿掉了這一生長久累積下來、模糊了視線的層層濾鏡，這世界、這世上的人，還有你眼中的自己會是什麼模樣？沒了這些濾鏡，你不只會看到自己是如何隔著濾鏡看待一切，也會看到別人是如何隔著他們的濾鏡待人處事，像是恐懼的濾鏡、匱乏的濾鏡、自卑的濾鏡……。

在我的第二本書《死過一次才學會愛自己》當中，我談到我們信以爲眞但對我們沒好處的迷思，所謂濾鏡其實就是那些迷思。我們透過那些迷思看待周遭一切，那些迷思常常害得我們像活在地獄一樣。說眞的，當我們移除層層濾鏡，人生眞能成爲天堂。天堂眞的就在這裡，因爲我們隨時都能和那無限的、輝煌的自我相連。

所以，要如何卸下濾鏡呢？這就是我想談的重點。因爲若能意識到這些濾鏡的存在，並將濾鏡層層剝除，我們就比較容易靠近眞實的自我，並和眞實的自我常保聯繫。首先你要問自己：「我的濾鏡是什麼？我透過什麼濾鏡看待人生？」以我爲例，由於兒時受到霸凌和種族歧視，我變成了一塊腳踏墊，讓自己淪爲迎合者。我透過「我是自身處境的受害者」這層濾鏡看待人生。事到如今，當舊有的思考模式和心態又冒出來時，我立刻就能意識到它們如何影響我看待世界和面對人生的眼光。一般而言，因爲有所自覺，我也就不會任其擺布。而且有了這份自覺，我就能想像沒有濾鏡看到的情景，這又讓我離卸下濾鏡更近了一步。

讓我舉個具體的實例，說明如何偵測濾鏡和移除濾鏡。我碰過有人告訴我，他們覺得自己又落入以前的濾鏡和定見之中了。舉例而言，對於工作的方向，他們可能有個富有創意的點子，直覺告訴他們這個點子會成功，緊接著他們舊有的恐懼濾鏡或懷疑濾鏡就冒出來了。他們開始覺得：「說不定以前已經有人做過了，我想必不是唯一有這個點子的人，不可能沒人想到過。」

克勞蒂雅是一位很棒的歌手，她跟我說了一次試唱的經過。她本來很興奮、很激動、很緊張、躍躍欲試準備一鳴驚人——這些情緒全都同時湧上來。但就在輪到她上場之前，她覺得喉嚨一緊，自我質疑的念頭冒了出來：「你以爲你是誰？妄想當職業歌手？做夢吧你！」她氣急敗壞地對自我質疑的聲音嗆了回去：「現在不是時候。你如果非來不可，麻煩你晚一點再來找我，但不是現在。」她越想趕走自我懷疑的聲音，那道聲音卻變得越執著。

當你冒出諸如此類的感受：心一沉、一陣難過、一陣憤怒、喉嚨一緊、喘不過氣或整個人僵住，這就代表舊有的濾鏡又來搗蛋了。這是你要阻止自己、有意識地消除濾鏡的訊號。而要消除濾鏡，有個辦法是想像那些包圍你的濾鏡融化不見了，你看到自己掙脫濾鏡、自由追隨你的夢想！

克勞蒂雅完成了試唱，雖然沒有拿到演出機會，但她因此下定決心，下次她要深呼吸一口氣，想像那些濾鏡融化不見，想像卸下濾鏡看到的情景。這招眞的有效，她開始接到越來越多工作。

幾年前，我在一場有多位講者的活動上擔任主講人。聽完其中一位講者的演講，我覺得很棒，就到講者休息室與他攀談，說我很喜歡他的演講。他的反應似乎有點冷淡，我的「濾鏡」便將他的反應解讀成冷酷高傲，或許還有點自戀型人格的優越感。換言之，我的受害者濾鏡告訴我：「他覺得高我一等，我不配浪費他的時間跟我說話。」

我很高興在當天稍晚我的頭腦就清楚了。我意識到那是我的濾鏡在作祟。這就是我所謂的對濾鏡有所自覺。一旦有所自覺，當我們的眼光受到濾鏡的影響時，我們就能更快意識到。不要猶豫，儘管對它提出質疑，尤其是面對反覆出現的老套模式。當我一告訴自己：「這可能是我的濾鏡對這次談話的解讀。」我就頓時福至心靈或聽到了我所謂的「聲音」，它說的是：「那個人其實是你的忠實讀者，他很意外你居然跑去跟他說話！他其實是受寵若驚得說不出話來！」

對我來講，這些靈感透過我所謂的「聲音」傳達給我。這些聲音來自內在的嚮導，或高我，或內在的神祕家——無論怎麼稱呼，它都和宇宙的智慧錦囊相連。這些聲音不是眞的聲音。一整段對話可能就在瞬間發生，像是文字的快照，而我頓時就明白過來了。每個人的情況不盡相同。有些人可能是得到一個印象、一幅畫面、一種感知、一陣耳鳴、一股觸電般的感覺、或各種不同的東西混合在一起。通常，你就是知道這代表什麼和它要告訴你什麼。

「訝異」不足以形容我收到這則訊息的心情。我心想：「哇！你在開玩笑吧！那個人不可能覺得受寵若驚吧！我可是一塊卑微的腳踏墊呢！」這是我的頭腦說的話，或更準確地說是我的「濾鏡」說的話，但在這同時，我心裡還播放著另一道聲音。

唯有讓濾鏡激起的思緒安靜下來，或至少對這些思緒提出質疑，哪怕只是稍微質疑一下，這另一道聲音才能和你溝通。唯有你認同它，濾鏡才會影響你；唯有你接受它的論斷，負面濾鏡才有控制你的力量。但你不必接受。這是你的力量。每當濾鏡鬼鬼祟祟地冒出頭來，你就要對它提出質疑。一次也不例外。

如果你抓著一層層的負面濾鏡不放，那道高我的「聲音」、「靈感」或不管什麼形式的訊息就傳不到你這裡。就好像那道聲音跟濾鏡在不同的頻道。你要越過濾鏡的頻道，調到那道指引之音的頻道。那道聲音會讓你大吃一驚，因爲它會對你說關於你的事情，那是你想都沒想過也永遠想像不到的事情。請注意那道越過濾鏡的聲音總是鼓勵你，而不是打擊你。它總是帶來啓發，而不是造成恐懼。它總是帶領你離覺醒更近一步、離自己的神性更近一步。

我後來又懷著煥然一新的感受，精神奕奕地去找那位講者。不出所料，我發現他讀過我所有的書、一直在追我的作品，十足是我的超級粉絲！稍早我去跟他攀談時，他覺得既害羞又難爲情，因爲他不知道我就在觀眾席看著他。他說很高興終於跟我本人說上話了。我則很高興自己聽了內在的聲音、信了這道聲音給我的訊息，並把握機會再去找他一次，否則我就錯過機會多認識一個爲我豐富人生的大好人了。所以，你要隨時記得去聽內在的聲音，因爲少掉這些濾鏡的人生能爲你開啓機會和視野，讓你透過意想不到的眼光看事情。

收聽並信任內在嚮導的聲音

爲了和無限的自我及內在指引系統建立更強的交流，首先我要請你認識一下你的濾鏡——那些擾亂訊號，阻礙你接收靈感的濾鏡。

常有人問我：「爲什麼你覺得受到指引，別人卻不覺得呢？爲什麼你那麼特別？」我總回說沒這回事。我既不特別，也沒被老天爺選中。這些靈感（或我所謂的「聲音」）隨時都在對我們發出訊號，但要不要調到它們的頻道去收聽、收看或去感受則取決於我們。

想像有色眼鏡掉了下來，層層濾鏡不復存在，你的人生看起來會是什麼模樣？一感覺到有色眼鏡脫落了，就趕緊豎耳傾聽——聽那在你凝神諦聽時傳來的正面想法、主意、見解和預感。如果你聽不到、看不到、感覺不到或接收不到，那就開始多給自己一點獨處的時間。事實上，不妨多花一點時間跟自己說話。我知道有人會說自言自語是精神錯亂的第一個徵兆。但我跟你保證，我就算瘋了還是寧願做自己，也不願去做別人眼中的正常人。在我看來，這世上多數人都不是那麼快樂，我卻發自內心眞的快樂。這不是表面上假裝的樂觀，而是內心深處的喜悅。即使一整天都過得很不順，我內心還是有一份幸福感和安全感。我甚至不再覺得有「思考」幸福或「表現得」很快樂、很正面的必要。我就是快樂。

所以，我所謂和自己說話是什麼意思？你可以問自己問題，或許就在上床睡覺前，問一問：「我的濾鏡有哪些？濾鏡啊濾鏡，讓我看看你的眞面目吧！」你會發現濾鏡最常化爲自我否定的負面思緒，發出讓你不愛自己也不愛別人的聲音。一旦認出了自己的濾鏡，你也可以問一問：「我要怎麼擺脫這些濾鏡？無限的自我，請幫幫我吧！告訴我該怎麼做！」

你或許會在三更半夜或一早醒來時得到答案。隨時在床邊準備紙筆，萬一醒來想到答案就能立刻寫下來了。不管是你問內在自我的問題，還是內在自我向你揭露的靈感與答案，你可以把它們都寫下來。

一開始，這份溝通感覺起來會很微弱。你可能會懷疑那是你的恐懼之心在說話。分辨高我和恐懼之心的辦法，就是高我總是給你感覺很好的東西、令人驚喜的東西。高我給你的是大智慧或眞知灼見，不僅對你的靈魂有營養，也讓你沐浴在對自己的愛之中。過去受到的制約可能會帶來懷疑的念頭，導致你質疑自己接收到的好念頭。舉例而言，如果你要嘗試新事物或突破舒適圈，你不禁覺得忐忑不安，高我給你的訊息就可能是「別怕」。如果你吃了什麼讓身體不舒服的東西，你可能就會收到像「喝溫水」這樣的指示（我就常常收到這種指示）。你的恐懼之心可能會試圖打消這些念頭，駁斥道：「我憑什麼被選中呢？爲什麼要給我指示呢？」「那只是我的想像。」你要聽的是那些讓你感覺到愛、關懷與保護的訊息，而不是那些基於恐懼、讓你情緒更惡劣、導致你懷疑愛、覺得沒人愛你或在乎你的訊息。

這就是區分高我和恐懼之心（或低我、生理我）的辦法。低我或生理我的聲音通常來自恐懼，來自憤怒，來自受害者心態，來自你從童年開始築起的層層濾鏡。高我的聲音則超越這一切。它就像是神或守護天使的聲音。這道聲音充滿關懷和無條件的愛。所以，如果你只想抱持感覺良好的想法、對靈魂有營養的想法、在恐懼和懷疑的念頭跑來搗蛋之前的想法，那麼，從認識你的濾鏡開始是一個很好的起點。

第二件要做的事，則是至少表現得彷彿你眞有這些想法，彷彿這些想法是來自你的內在嚮導或高我。一旦開始把這些想法套在自己身上，你就會注意到你對自己和人生的感受變得有多好。很快的，你就會看到你的人生開始反映出你的感受，你也就會不斷回來向高我求取更多的交流，久而久之，收聽和信任就會變得越來越容易。你越是信任來自高我的訊息，就會收聽到更多這樣的指引，傳來的訊號也會更強、更清楚。

我的高我持續與我交流。它不斷指引我接下來要怎麼做、該拒絕什麼或同意什麼。它針對拍片、寫書、演講、工作坊和靜修營的主題給我指示，協助我在有形世界和無形世界之間取得平衡。這份指引感覺就像一連串靈光乍現的瞬間。此時此刻，內在的聲音就在指引我寫下這些文字，感覺就猶如我在通靈一般。事實上，以任何形式將這份指引表達出來都是一種通靈，我只是不這麼說而已，因爲以「靈媒」自居可能會引來想要透過我找答案的人，但我卻想鼓勵大家爲自己找答案。我要說的是：就跟我能聯絡上我的內在嚮導一樣，你也能聯絡上你的內在嚮導。比起收聽別人的頻道，收聽你自己的頻道、找到你自己的訊號才能給你更大的力量。

要區分高我（無限自我）的聲音和恐懼之心的聲音，還有別的辦法：追隨高我的聲音感覺起來非常輕鬆，像是爲自己充飽了電，相形之下，追隨恐懼之心的聲音則很累人。高我是無條件的愛，從不會引導你刻意傷人或造成傷害，相形之下，恐懼之心則讓你覺得自己不夠好或沒資格。

當你養成了追隨內在嚮導的習慣，人生順利起來，一切都變得輕而易舉，那種感覺眞的很棒。這就是我多數時候的感覺。然而，也有時候我覺得訊號被切斷了，我被踢出了自己的頻道。我所謂「被踢出自己的頻道」，是指發生了一些事，把我打回較低的、生理我的頻率。對我來講，旁人的批評就有這種作用，尤其是刺耳、惡意的批評，或網路上的酸言酸語。對你來講，打斷高我頻道的感受和行爲或許是罪惡感、恐懼、憤怒、批評和求取認同。

當你覺得彷彿被踢出自己的頻道時，就要注意一下是什麼原因所致。我所謂被打回較低的頻率，意思不是說我的頻率比別人高，絕對不是。我的意思是內在自我比恐懼之心的聲頻更高，因爲恐懼之心會接收外界的雜訊、受到來自生活環境和主流觀念的暗示，所以，頻率較低就意味著我們把自己的力量交給外界。

以下是調高頻率的辦法：如果某件事讓你情緒低落或沮喪，或你有諸如此類的感覺但不確定爲什麼，那就想個令人振奮一點的念頭、感受或情景，看看你的情緒是如何振作起來的。從周遭的人事物中找尋喜悅。覺得感恩。練習「收聽」。這一切都有助於調高你的頻率。你越是傾聽內在的神祕家，感覺你收到的靈感在體內發出迴響，那道聲音就越會成爲權威的聲音，讓你大鳴大放。

你也可以透過觀想調高你的頻率——觀想你的光暈擴散出去，越變越大。我就是這麼做的。我觀想我的光暈越來越大，直到我整個人感覺就像一團光球，大放光芒、熱力四射！或者，你可以想想人生中最幸福的時刻，想想你在那段時間的情緒。或是想想你愛的人（或許是你的另一半、你的孩子，甚至是你的寵物）和你對他們的感受！這一切想必都能改變你的情緒、增強你的頻率。

身爲共感人和迎合者，在你的世界中，如果你是唯一一個卸下濾鏡的人，而周遭都是隔著濾鏡看世界的人，你可能會覺得與眾不同很辛苦。比起由蛻變者建構起來的世界，你可能更難適應一個由濾鏡人建構起來的世界。你說不定會被周遭的人說服，還以爲你才是錯的或糊塗的那一個，因爲就只有你跟大家不一樣。畢竟，怎麼可能其他人全都錯了呢？這就是那種會把我「踢出自己的頻道」的想法。身爲共感人，這是其中一個害我們生病和累倒的原因。因爲我們一方面努力要適應主流觀念，一方面內在的眞理卻召喚著我們，提醒我們眞正知道的是什麼、眞正的自己又是誰。

被踢出自己的頻道時，我知道內在的聲音一直都在，只是我賴以收訊的天線偏離了方向。我只要把它重新調回去就行了。如果我花時間辯解或跟批評者吵架，下場就是累壞自己而已，因爲我在不屬於我的頻道耗了更久，那裡不是我的自然狀態。所以，我確保自己不要回應或陷進去，即使我會難過一下子、自憐一會兒，我的焦點還是放在重拾跟內在聲音的聯繫上。

當我跟內在的聲音重新聯絡上了，外界的批評就變成燃料，推動我問更深入的問題，內在指引系統傳來的訊息也隨之更進一步。所以，我把外界的批評視爲深入挖掘和調高頻率的機會。舉例而言，唯有深受批評所苦，我才會明白共感人要勇於和世人分享他們的訊息有多難。事實上，這整本書、這本書裡的主題，乃至於書名《死過一次才學會守護自己：共感人的「小我」練習》，靈感都是來自我和網路酸民交手的痛苦。那份痛苦刺激我問各種問題：

- 我絕不是唯一一個爲了酸言酸語這麼痛苦的人吧？
- 這是否代表所有敏感的人都怕站出來，眞實地分享自己的人生故事和不同凡響的經驗？
- 更重要的是，是不是所有敏感的人都怕攬下領導者的角色，或是不敢成爲公眾人物，免得變成被批評的箭靶？在這個世界上很少有敏感、富有同理心的領導者，是不是就因爲這個原因？
- 想要把世界變得更好的共感人，如果能學會不要那麼害怕被批評呢？如此一來，藉由進入公眾的視野，我們就能盡一己之力爲新的主流觀念鋪路（而不是活在霸凌者和自戀狂的陰影之下）。

認清了這幾點，我決定勇往直前，和全世界分享我的想法及感受。我要把「爲了我們這個物種的存續，敏感和同理心或許是我們的救星」的訊息傳遞出去。瞧，若不是我自己深受批評所苦，我就不會有這股動力或這份覺悟，站出來爲其他共感人和高敏族鋪路，鼓勵他們勇於被看見和擔負領導者的角色。

如果沒去聽高我的聲音、只聽恐懼之心的聲音，我現在就不會在這裡做這些事。若是聽了酸民的惡評，我就會裹足不前，早就不再分享我的故事和幫助別人了。我也可以留在腳踏墊和受害者的頻道上，但我知道那條路之前就害我得癌症，而我不想重蹈覆轍。所以，這一次，我選擇追隨內在自我的聲音，這道聲音讓我迎向愛、力量與勇氣。

我想邀請你迎向屬於你自己的蛻變，卸下自己的濾鏡，勇敢無畏地活著，尤其是當你和別人的觀念背道而馳的時候。

練習

「收聽」的靜心冥想

這個靜心冥想會接通你收聽指引的管道，久而久之，這些聲音或靈感就會成爲你的一部分。

「我靜靜坐著，收聽內在的指引。
我聽到它悄無聲息、微弱細小、人類耳朵聽不見的聲音。
有時不是聲音，而是畫面。
就像一幅幅充滿愛的快照，無論是透過文字或圖像，它用心電感應的方式和我交流。
我敞開心扉，將這些快照吸進我的感官裡。
我把它們吸進我的心和靈魂裡。
我覺得受到保護。
我覺得被愛。」

8

問心無愧迎向富足

眞言：

「受與施一樣重要。」

談到活在這世上、追隨內心的召喚和充分表達自我，我們很難不談錢。光是提到「錢」這個字，就能引起從恐懼到興奮不等的情緒，而且這些情緒往往很強烈。這是一個敏感的話題，許多人都對它諱莫如深，避之唯恐不及。我也傾向不碰錢的話題。首先，我不是理財領域的專家。其次，如果我不謹慎一點，拿這個主題來做文章恐怕會掀起爭議，尤其是在身心靈的圈子裡（本章稍後會談得更多）。

然而，在有形的世界裡，我們沒有錢就活不下去。所以，我覺得如果不碰觸這個刺激到許多人的話題，這本書就不完整。從我收到的來信看來，有財務困難和收入不夠餬口的共感人多得不成比例，尤其如果他們是身心靈老師、療癒藝術工作者、或從事任何服務性質的愛心工作者。

共感人矛盾的地方在於：一方面，因爲我們和宇宙的節奏是那麼契合，所以我們處於最有利的位置，正適合當一個強而有力的管道，讓金錢和權力透過我們流動。我們極其擅長收聽內在的智慧和內在的聲音，也極其擅長和萬物眾生交流。然而，我們卻羞於擁有權力，羞於開口要求自己應得的東西，尤其如果我們被灌輸了

「愛財是萬惡之源」或「施比受更有福」的觀念。

本章將探討如何克服那些陷共感人於貧困與匱乏之中的障礙和觀念。

搞錯優先順位的社會

先從更大的問題看起——撇開個人精神信仰或宗教信仰不談，物質世界才是更大的問題。除非你是離群索居的隱士，否則你會注意到我們的文化各方面都和金錢密不可分。這份關係牽連之深，如果想要斬斷它，我們勢必傷亡慘重。從食衣住行等基本必需品到創作的自由，生存所需的一切幾乎都要有錢才行。一言以蔽之，沒錢在現代世界活不下去。

然而，我們這些生活在已開發國家的人，對金錢的依賴甚至更上一層樓，簡直是崇拜金錢和這世上握有金錢的人（那些握有能源供應、醫療資源、食物資源、藥物資源、乃至於各種民生必需品的人）。我們把力量交到他們手中，他們進而控制了世界領袖和大眾媒體，世界領袖和大眾媒體最後又雙雙控制了我們。我們之所以任憑自己受到這種控制，或許是因爲我們用金錢衡量一個人的價值，並且只憑財富來衡量成功與否。事實上，「有錢」儼然成爲「成功」的同義詞。或許自古以來皆是如此，如今由於網路發達的關係，這種現象顯得更爲明顯、更爲近在眼前。

我們犧牲生活，追著自己的尾巴跑，跑得筋疲力盡、累倒在地，只爲了購買和擁有更多讓我們（暫時）覺得成功的東西，直到更新、更快、更閃亮的產品上市。雖然有很多人都不需要那麼多也活得下去，但廣告商玩弄我們的恐懼和不安全感，說服我們除非擁有最新上市的車、最新款的名牌包、或是到巴哈馬群島新開的度假村度假，否則我們就不足夠或不完整。廣告商這麼做，只是爲了讓我們不斷花錢，讓我們貪得無厭不斷追求更多，就像在停不下來的跑步機上跑個沒完。

結果許多人就把追逐金錢排在第一順位，排在健康、感情、道德和精神價值的前面。（儘管千禧世代有了可喜可賀的轉變。就職業生涯而言，比起酬勞，他們更重視職涯發展、工作的意義、工作與生活的平衡，以及企業文化①。）全球極度貧富不均的現象空前嚴重②。在我寫作的此時，全球有七十七億人口。我們滿心以爲沒有足夠的財富分給每一個人。我們必須和別人競爭，在被別人搶走之前先搶到越多越好。許多人因此爲了錢做出違背道德良心的事情，或者根本就是從事不法勾當。更有甚者，許多企業都是基於貪婪（首要任務就是爲股東創造獲利），而不是基於爲人類服務，貪得無厭到殘害這個星球的地步。

我們對金錢的重視也更甚於時間，或者爲了收支平衡就是必須更長時間工作，以至於沒有善用時間充實自己的生活。

舉例來說，有一次我上廣播節目當來賓，一位女性聽眾打電話進來。我還來不及說「你好」，她就急著說：「我痛恨我的工作。我真的做得很累。我每天都怕上班。我不知道怎麼辦！我該怎麼辦呢？」

---

① "Better Quality of Work Life Is Worth a $7,600 Pay Cut to Millennials," April 7, 2016, Fidelity, https://www.fidelity.com/about-fidelity/individual-investing/better-quality-of-work-life-is-worth-pay-cut-for-millennials.

② Tiziana Barghini, "Inequality," *Global Finance*, January 1, 2019, https://www.gfmag.com/magazine/january-2019/inequality.

我建議她真的要開始更愛自己、更看重自己才行。「你或許可以考慮減少工作時數或辭職，就算是換一份待遇較差但你更喜歡的工作也好。」說到這裡，我已經感覺到她恐慌起來了。「即使是暫時的權宜……」

「不行。」她說：「不行啦！辭掉工作，我就失去保障了，到時我就付不出房貸、繳不了帳單、買不起食物。辭職等於死路一條。」

我試圖告訴她，做她痛恨的工作就是在消耗她的生命力能量，這也可能是死路一條。

「好，謝謝。」她嘴巴上這麼說，但我聽得出來她沒有謝謝我的意思。說完這句話，她就掛斷電話了。我要說的話她聽不進去。她處於驚慌失措的求生模式。

研究顯示，當我們像這位女性聽眾般陷入求生模式中，我們的決策能力就會出問題。我們想不出具有開創性的解決方案。這時，集中精神、調息、與意識之網相連就有助於沉澱思緒、激發創意，讓我們透過不同的眼光看事情。當我們沉澱下來、打開眼界，自然會有不可思議的機會降臨。我聽人說過突然冒出工作機會、從出乎意料的來源得到意外之財、興趣變成收入來源等等的故事。

身心靈工作者談錢不道德？

可能因為我們和金錢之間的不當關係，有許多身心靈老師或宗教機構就堅信「愛財是萬惡之源」，切莫讓金錢玷汙了精神生活。宗教典籍再再勸戒世人捨棄錢財，告誡世人金錢對我們不朽的靈魂有害。在宗教和身心靈的圈子裡，金錢被認為是不潔、不道德的靈修之敵。所以在身心靈的領域鮮少談到賺錢這個主題，而且透過任何一種身心靈工作來賺錢都被視為禁忌。所有的身心靈課程和療程都應該是免費的，或只能接受捐獻，以保純淨無雜質、不受金錢的汙染。為身心靈療癒、服務或課程收費的人就被斥之為貪婪或不道德，又或者因為他們一定心懷不軌，所以不可信任。

身心靈相關機構不碰錢，表面上似乎是為走火入魔的金錢文化帶來平衡的健全之道，然而若是走到極端，這套邏輯只是給了有錢人另一種控制我們的力量。還記得我說共感人就像飛蛾撲火般受到靈修活動的吸引嗎？共感人天生就對生命深層的奧祕別具悟性，他們本身就是渾然天成的身心靈老師、治療師、動物救援人員、環境保護人員、教育家、和平運動人士、藝術家和各式各樣的愛心工作者。用自己的天賦去幫助別人是他們的天性，別人如果覺得好過一點，他們自己也會覺得好過一點。要他們收起自己的天賦就像不給他們氧氣。

現在如果再加上「爲身心靈工作或愛心服務收費是不道德的」這種觀念，也難怪天生適合身心靈工作的人會高唱「我想服務別人，但做我熱愛的事賺不到錢」的哀歌。

換言之，我們的社會對貪得無厭狂撈錢的企業睜一隻眼、閉一隻眼，甚至造就了血汗工廠的存在，但卻譴責身心靈老師和治療師不該爲他們誠心誠意的工作收費，指控他們這樣做不道德。

這套邏輯只是爲共感人受剝削大開方便之門。如果這些治療師和愛心工作者經濟困窘，在符合他們敏感天性的領域又不幸找不到有酬勞的工作，他們就不得不聽從企業的號召，工作得更賣力，或是爲了繳帳單從事不合志趣的工作，結果做個幾年就倦怠得不得了。就連千禧世代也爲了付學貸不得不同時兼兩、三份差事，這樣步入成年期，實在不是最理想的方式。

在死過一次、癌症康復不久後，我必須想清楚自己要用餘生來做什麼。當時我還住在香港，生病四年期間都沒工作賺錢，而且一點兒也不想回到被我拋在身後的企業界。丹尼爲了照顧我不再去上班，所以他也失業了。我們倆都以爲我快死了。我們倆都深受我的癌症經歷影響。我們倆的優先順位都改變了。

雖然兩人都沒有工作，我們卻有很多在我們眼裡比金錢更重要的東西。現在我恢復了健康，我們都很感激我有重生的機會。我知道自己很安全、有人照顧，而且沒理由擔心，即使當時的我們比以往都更窮，只能過一個月算一個月。我知道老天爺讓我回來一定有很好的理由！我父親說了：「人世間有禮物等著你去收。」我想一定會有什麼好事發生。

我開始在網路論壇上寫自己的遭遇，分享我從瀕死經驗學到的一切。我心想，分享自己的經驗、把我學到的教給世人，或許就是我注定要做的事。這個想法令我熱血沸騰。把我學到的教給別人或許就是我重生的目的——我就是喜歡這個想法。

我和香港當地一個另類治療中心接洽，向他們租了一個房間來辦一場小型教學活動。我預訂了幾個月後的時間，訂好日期就接著動手規劃起來。我想分享我從另一個世界學到的一切。我想讓世人明白我們都是六感人，並讓世人看到要如何和內在自我聯繫。我想教大家如何一起提升能量，如果與會者當中有人面臨健康問題，我們可以把集體和個別的療癒能量都灌注到那個人身上。

我為這場活動製作了一份傳單，用 email 寄給遠近親疏各路朋友，請他們分享出去。這是二〇〇八年的事，當時的社群媒體還不像今日這麼發達。我眞的很期待那場活動，也眞心覺得我找到自己的目標了，或至少動手開始做就會帶領我找到我的目標。把我從另一個世界學到的東西教出去，這就對了啊！接下來，一位名叫布蘭達的小姐回了一封 email 給我，她自認是基於好意，卻搞得我的世界天翻地覆。

布蘭達的來信在我感覺很尖銳，信中她將自己刻劃成「好心人」，說她只是為我好，但接下來她卻指控我的收費活動是在占脆弱無助的人便宜。「你不會良心不安嗎？」她質問道：「你怎麼能爲這種服務收費？你的瀕死經驗和你從瀕死經驗中學到的一切，都是上天給你的恩賜。你利用人在心急如焚之下的弱點，靠這種活動賺錢，尤其是利用癌症患者。太可恥了吧！」

這就是共感人提供自己的天賦爲人服務每天都要面臨的挑戰，尤其是在身心靈的領域裡，我們尤其難爲自己的價值索取應得的費用。她說的話在我腦海裡轟隆隆地迴盪，我的耳朵感覺又熱又燙。我的心臟狂跳，她的一字一句都有如刀割。我的理想破滅了。我覺得自己徹底被擊潰了。我絕不願被誤認爲我所做的事是在利用人心的脆弱。這是我最不願意做的事了。雖然我已經在網路上提供了許多的免費教學，但我沒有能力免費辦這場小小的活動。租用場地的費用太高，於是我就取消活動了。

當時，我沒看到整件事的諷刺之處。布蘭達本身是一位有錢多金的法律顧問，事業飛黃騰達，每小時收費幾百美元，住的是金碧輝煌的豪宅。她也是用老天爺給她的恩賜在賺錢啊。（而且，別忘了丹尼和我當時經濟拮据，只能過一個月算一個月，住的是樸實無華的小房子，地點位在香港的窮鄉僻壤。）我對她賺錢的方式或富裕的身家沒有意見，反倒是我受到她的批評指教。她甚至不認識我這個人！

我沒有要坑人。我提供的幫助緩和了患者的恐懼。他們看待身體和疾病有了不同的眼光。相對於一心放在消滅疾病上，這副眼光越過了疾病的侷限，讓他們把重點放在好起來，因爲他們愛自己也熱愛生命。我想給面對疾病的人力量和希望，同時，我也爲自己的所作所爲負起責任，確保他們不會聽了我的話就不接受醫生的治療。

即使我的經驗是神或宇宙的恩賜，我想做的只是將這份恩賜與人共享。與此同時，我也必須努力在這世上活下去。發自內心要和人分享的禮物，難道不該跟其他工作或服務一樣獲得報酬嗎？我百分之百確定自己在另一個世界學到的東西有幫助，因爲我在網路上幫助過的人都這麼說。但現在我卻不敢走出去，把我從瀕死經驗學到的一切教給世人，因爲我怕別人對我的觀感也會跟布蘭達一樣，尤其如果我從這份工作賺取賴以存續的收入。

好多共感人都告訴我說他們也有一樣的困擾。有些不敢爲自己提供的服務收費，有些則因爲收費或漲價受到譴責。想想待遇微薄的教師吧，他們的收入和付出不成正比，但還是對學生傾囊相授。但當這些教師要求更好的待遇，甚至爲此走上街頭，他們卻被譴責說是不負責任，損害了孩子的受教權。教學是他們賴以維生、養家活口的辦法。如果無法滿足自己的需求，他們也給不了學生任何東西。你必須滿足自己的需求，你的燭光才不會熄滅，你才能去照亮別人。

以不同的眼光看事情

爲免讓人覺得我在利用人心的脆弱，我決定去當兼職的企業顧問，以兼顧日常開銷和我眞心想做的事，把那份來自靈魂的志業繼續下去。工作之餘，我可以做自己熱愛的事，分享及實驗我從另一個世界學到的東西。我繼續把我的經驗寫出來，訴說我學到的一切，並從網路論壇上學到更多與瀕死經驗相關的事物。我也用

Skype跟我從這些論壇認識的人交流，這些人來自世界各地。我是那麼熱愛自己在做的事，久而久之，我漸漸減少手上的顧問工作，把越來越多時間投入於帶領線上療程、靜心冥想及其他能量實驗，幫助網友們提升生命力能量，在他們生病期間給他們希望和力量。我做這些事都沒有收費，純粹是基於滿腔熱血。但由於我為了做自己熱愛的事，接下的顧問工作越來越少，賺的錢就不是那麼多。

丹尼則試著要創業，我們兩人加起來賺的錢都不夠過活，但我一直當鴕鳥，希望我不用去管，問題也能迎刃而解。我催眠自己說我死而復生是有原因的、我知道自己是受到眷顧的。

但每次有帳單要付，我心裡就湧起對財務狀況的恐懼。我看著我們的存款越來越少，不知道這樣下去能撐多久。我也不知道我們能怎麼辦。我覺得很掙扎，因為我真心覺得我從另一個世界回來不只是為了付帳單，不只是為了繼續在一家大企業裡當一顆小齒輪。為了賺錢而賺錢實在非我所好。

更糟的是，我覺得自己的能量被消耗殆盡。由於我免費提供療癒諮商，所以我引來很多想跟我談話、想向我求助的人，遠超過我能負荷的數量。再加上我沒休息或撥時間給自己。我只要休息就有罪惡感，因爲有人在受病痛的折磨，有人想跟我聊如何才能好起來。我變得倦怠不已，於是那份恐懼又回來了。我注意到那些當初害我罹患癌症的情緒——深怕不能陪伴每一個人的恐懼，別人不健康、我卻很健康的罪惡感。

我不禁要想：「我這樣如何繼續下去？我是不是該回去過任職於企業界的生活？」在企業界，你不會因爲賺錢被人指指點點。事實上，在那個世界，你賺得越多越受到肯定。但死過一次再回來，只爲了回到沒有靈魂的企業體系，在我感覺眞的沒有意義。我不知如何是好。

答案在我爲這種處境掙扎了兩年後出現。我受邀參加香港國際專業教練協會（Hong Kong International Coaching Community）主辦的晚宴。那場盛會還包括一場動人的演說，主講人是一位名叫藍尼・拉維奇（Lenny Ravich）的勵志演說家。他來香港訪問，聽說了我的瀕死經驗，想從我這裡知道更多。晚餐席間，我坐在他旁邊，跟他分享我的故事，最後告訴他說：「我爸叫我勇敢無畏地過我的生活！就在這個時候，我從昏迷中醒過來了，癌症也痊癒了，現在我好端端的在這裡！」

聽到這裡，藍尼笑容滿面地問道：「那你有嗎？」

我一臉疑惑。「有什麼？」

「有沒有勇敢無畏地過你的生活？」

「呃……多多少少吧。」

「多多少少是什麼意思？」他又問：「你要麼有，要麼沒有。」

我告訴他，大部分都有，但我爲錢頭痛好一陣子了，財務狀況引發的恐懼又悄悄回到我的生活中了。

「你死過一次又回來！」他說：「你得了癌症又痊癒。在那之後，你怎麼還會害怕任何東西，更何況是怕錢不夠用？」

我告訴他布蘭達那封信的事。我說我不敢靠自己熱愛的事情賺錢，我不想顯得像是在利用脆弱無助或生病的人。

藍尼不可置信地看著我。「你被送回來是有理由的。你父親也叫你活得勇敢無畏！你怎麼能回到恐懼的循環中，只因那個女人說的話？她是你癌症痊癒後打破的窠臼的一部分。在你聽從自己的心意時，你為什麼要把自己關起來，不接受宇宙透過任何方式給你的報酬呢？」藍尼說得熱血沸騰，他的話帶給我很大的衝擊。

「你父親叫你活得勇敢無畏。」他又說了一次：「他說你會痊癒，你也真的痊癒了！所以，你怎麼不再信他一次？你怎麼能讓他失望？你怎麼能違背他的意思，活得畏畏縮縮的呢？」

他說得對。如果不聽從自己的心意、活得勇敢無畏，我就要讓我父親失望了。更重要的是，我讓自己很失望。我怎能懷疑我父親呢？我當場就可以給藍尼來個擁抱。事實上，如果我沒記錯，我真的把他抱個滿懷！

聽藍尼說話，感覺就像我父親透過他通靈傳話給我，而藍尼甚至渾然不覺。那次談話過後，我內心有了深深的改變。我對我和金錢的關係有了全新的領悟。

我領悟到如果我信那一套，認為拿錢做發自內心想做的事是不道德的，那我就必須爲了支付日常開銷去找別的工作。抱著「拿錢不道德」的迷思，我就要被迫違背自己的心意，去做對我來講沒有靈魂的工作。只爲了賺錢付帳單，我就要以我的天命（dharma）爲代價。

透過賺取金錢來發揮你的力量

一旦看清「拿錢不道德」的迷思對我造成多大的破壞，我就能夠掙脫它的箝制。身爲共感人，我知道無論賺多少錢，我都沒辦法獨善其身不去助人。這世上多數共感人都是這樣的，包括正在閱讀這些文字的你在內。你不必擔心落入貪婪的圈套。身爲共感人，助人對你來講就像呼吸一樣。你無論如何都會去助人。這是天性。

後來我就下定決心，只做發自內心想做的工作，因爲追求我的目標、做我做得起勁的事情很重要。當我渾身是勁，我也能爲別人提供最好的服務。從興致勃勃和熱血沸騰出發，這對我自己和別人來講都是最好的一種服務。而爲了繼續這麼做，我必須讓自己享有經濟上的富足。改變想法爲我打開了全新的世界。我終於接受一位朋友的邀約（她力邀我好一陣子了），到她開設的療癒中心做有酬勞的演講。在接下她的邀約之後，緊接著偉恩．戴爾就從網路上發現了我的故事。他請他的出版社來找我，而接下來的故事大家都知道了！

當我放下恐懼，不再害怕別人基於「拿錢不道德」的迷思譴責我，這世界就以支持我做想做的事來回應我。我眞的認爲我們越是相信自己、越是知道自己的價值，就會有越多錢朝我們滾滾而來。這也讓我們有爲別人、爲自己、爲這個星球創造更多和做得更多的自由。

談到賺錢，罪惡感是共感人普遍的問題。別人過得不好，我們卻有錢賺；這世上有飢餓和貧窮，我們卻花錢在自己身上。這些都讓共感人有罪惡感，並再再使得共感人非常善於付出，卻不善於接受。

在臉書的一支直播影片中，我談到金錢和罪惡感，並特別回應了一位財務困難的共感人的留言。她的其中一則留言寫道：「我一有收入，街友就有飯吃。」換言之，只要她有錢，馬上就會去餵飽任何一個比她匱乏的人，然後她就又破產了。她的情操很高尚，但她不必陷自己的生活於左支右絀的掙扎中。如果她能花一點錢在自己身上，反而會得到相反的結果，因爲你越愛自己、越相信自己的價值，其實就會有越多的錢朝你而來，你能跟別人分享的也就越多。因爲，別忘了，金錢不是有限的或受限的。我們得到多少端看我們願意接受多少，以及我們自認值得擁有多少。

最近，我在英國接受 YouTube 及 Podcast 頻道《倫敦來眞的》（*London Real*）主持人布萊恩．洛斯（Brian Rose）的訪問。我們聊到共感人，也聊到共感人要爲他們所做的工作收費有多困難。他跟我分享了一位學生的故事，那位學生去上他主辦的事業加速器（Business Accelerator）課程：「這位學生對人很有同理心，但他老是不好意思收費，總把他的事業做成非營利事業，結果就毀了他的財務狀況。」布萊恩說：「最後甚至也毀了他的一段婚姻。他來上我的課程時，我說：『不不不，有錢不是壞事。金錢實際上能讓你去幫助更多人。』一旦改變了看待金錢的眼光，一切就都不一樣了，他變得更成功。那是因爲他學會先愛自己。」

我相信很多人都對這位學生的困擾心有戚戚焉，許多人也都會認同他學到的一課：當你收取你應得的費用，你就會引來樂於爲你的服務付費的人，以及你樂於跟他們共事的人。

讓錢通過你流向別人

多數人都沒認清一件事：控制金錢的企業組織和不收費、做什麼都甘願免費的共感人，其實是一體的兩面，兩者都建立在「錢不夠給每一個人」的迷思之上。生活困苦還犧牲自己的共感人或許會批評貪婪的企業組織，但他們其實也接受了同一套錢不夠用的迷思。

對金錢的追求若是剝奪了你的健康、時間、感情或生活，那你就成了金錢的奴隸。金錢實際上是害你的生活打了折扣，而不是爲你的生活加分。對你自己和身邊的人最好的服務，就是允許自己相信有錢是好事，如此一來，你就能成爲助人的管道，讓錢通過你流向別人。

正如那位女性觀眾在我的臉書直播上的留言：「我一有收入，街友就有飯吃。」想像你如果收入優渥，可不就更多人有飯吃，而你也能把自己照顧好！好，那麼你要如何讓錢流向你呢？

1. 認清你是共感人，你有過度付出、不好意思接受、容易產生罪惡感的傾向，例如從事符合個人志趣、做來得心應手的工作，你就不好意思收錢。
2. 釐清你活著的目標，問自己：「我是誰？什麼能帶給我喜悅？什麼事我做起來自然而然？什麼能讓我感覺活著？什麼能帶給我活力？我總是免費做什麼？什麼事我天天做也不厭倦？」
3. 打開接受的管道，要知道你值得爲追隨自己的目標獲得報酬。愛自己愛個夠，允許自己去接受。愛全部的你，不只愛你有形的軀體，還有你的心、你的靈，全部的你，包括你看不見的部分在內。

要知道這世上其實有無限量的金錢或財富——不只古時候的智者這麼說，當今的大師史蒂芬・柯維（Stephen Covey）、偉恩・戴爾博士、伊絲特・希克斯和亞伯拉罕❶、狄帕克・喬布拉（Deepak Chopra）、布芮尼・布朗（Brené Brown）和《祕密》（*The Secret*）的作者朗達・拜恩（Rhonda Bryne）等人也這麼說。蘇非派（Sufi）有句古老的話說：「只要收下既有的恩賜就富足了。」我很喜歡這句話。換言之，感恩是迎向富足之道。掙脫內在的限制（例如我在本章談到的那些限制）又是另一條富足之道。正如偉恩・戴爾所言：「改變你看事情的方式，你看的事情就會改變。你把這世界看得很富足、很友善，你的意念就有成真的可能。」③

❶ Esther Hicks and Abraham，美國靈媒伊絲特・希克斯及其夫婿傑瑞・希克斯合著有《吸引力法則》等九本書，兩人表示他們傳授的一切來自名為「亞伯拉罕」的幽靈，亞伯拉罕透過伊絲特・希克斯通靈。

③ Wayne Dyer, *The Power of Intention: Learning to Co-create Your World Your Way* (Carlsbad, CA: Hay House, 2006), Kindle edition, loc. 2932.

謹記這一點，甩掉「爲了賺錢必須努力工作」、「錢不是從天上掉下來的」或「身心靈工作不該收費」等觀念。這世界需要你活下來分享你的天賦。我自己會用也會教給學生的一個辦法是閉上眼睛，想像你背上揹了一個背包，你把限制住你的觀念（那些妨礙你或壓迫你的迷思）裝進那個背包裡，接著把背包脫下來，交給你心目中的精神領袖——佛陀、耶穌、守護天使、天使長或揚升大師都可以，但憑個人選擇。這位精神領袖站在你面前，對你說：「把那個背包給我。給我那個背包。你不用再揹著它了。它是我的了。我從你背上接過這個負荷。你自由了。你現在無包一身輕，儘管展現出你的神性吧！你現在自由自在、了無罣礙。」每天早上，我都練習把背包交出去。

4. 要知道身爲共感人是一種天賦，請開始把自己想成讓錢經由你流動的管道，不要把自己想成擋住錢流的水壩。想想你要把錢花在哪裡。你會怎麼照顧自己、爲自己充飽電、確保自己活力十足？你會怎麼幫助別人？如果有源源不絕的金錢，你會爲這世界做什麼？別害怕做大夢。不要讓錢不夠用的恐懼限制你的夢想。

5. 接下來是比較弔詭的部分：掌握了前面四點之後，把焦點從金錢轉移到你的目標上，以這個人生目標爲優先，把重心放在你來到這世上要做的事、你對自己和這個星球的夢想，以及如何提升你的能量。如果你還沒有一個目標，那就透過做你樂在其中的事和學習接受別人的好意，先專注在增強你的生命力能量上。

6. 眞的開始賺到錢的時候，就允許自己欣然接受！管好你的罪惡感。你的一貧如洗幫不了別人。要想成爲一條暢通的管道讓更多財富流進來，懷著感恩的心欣然把錢收下是最好的辦法。

7. 如果你慣於把全部的錢都用來幫助別人，或是照顧親人卻疏忽了自己，現在是改變習慣、留一點錢照顧自己和取悅自己的時候了。不帶一絲罪惡感地把錢（即使只是一小部分）花在自己身上，這麼做能強化你內心「我値得爲自己花錢」和「我相信會有更多錢進來」的信念。

8. 當你的事業或生意開始蓬勃發展，學習去愛這個幫你達到目標的手段，要知道你的事業或生意也愛你。許多從事愛心工作的人都唾棄賺錢和做生意，認爲那對我們眞正的目標造成阻礙。或者，我們把經營自己的事業視爲苦差事，不好玩也得做。當我改變自己的眼光，我的生意甚至更旺了！之所以發生這種轉變，是因爲我體認到這份事業在照顧我。它給我資源照顧自己、照顧家人、照顧我的工作團隊。有了這份事業，我才能爲這個世界做我想做的事。因爲我的事業在照顧我，所以我體認到它對我的愛，這也讓我又更珍惜我的事業，並且不只是把它當成一件苦差事或不得不碰的骯髒事。從那之後，我就由衷樂見它成長茁壯，跟我的工作團隊開會也變成一件樂事。我也樂於跟我的會計師開會，看看還能如何繼續拓展我的事業，爲這世界和芸芸眾生帶來更大的影響。我忙得不亦樂乎！

我鼓勵你試試這些步驟，眞的有效！這麼做旨在去除對金錢的嫌惡，如其所是地看待金錢——金錢只是一件爲你和你愛的人供應所需的工具，讓你能在這世上發揮你的作用。越是加強內心對金錢的信念，你從宇宙接收財富的管道就越暢通。

賺到錢就代表你走對了路，有錢象徵你活在心流中❷。能這樣想的感覺好極了。而你若是沒有如願賺到錢，那也不代表你走錯了路，有可能只是時間的問題。如果你對自己在做的事充滿熱忱，堅持下去就對了！

重視你所做的事，找到你的價值感

對我來講，這一章是最難寫的一章。然而，我覺得非處理這個主題不可，因爲除非能解決財務需求，否則我們的人生都會受到金錢或缺錢的主宰。在我眼裡，金

---

❷心流（flow），心理學家米哈里．契克森（Csíkszentmihályi Mihály）提出的概念，指人渾然忘我沉浸在某件事當中的心理狀態。

錢只是一件工具、一種能量的形式。在我們追求內心深處的目標時，金錢不僅供應我們一己所需，也服務了我們所服務的人。對我來講，金錢在我爲這世界服務時哺育了我和我的工作團隊。

隨著共感人開始賺取應得的酬勞，並在職場上和社會上握有權勢、擔任領導者，我們也會開始看到貧富之間更平等、這個世界更平衡，並看到世人看待金錢的眼光有所改變。這是我的信念，也是我的希望。我認爲共感人和高敏感族是最有可能爲目前懸殊的貧富差距帶來平衡的人。我們一定要深入挖掘自己的力量，並找到勇氣拿出自己的力量。

怎麼做呢？首先，透過浸淫在本書提出的概念中，發展你的內在力量和覺知。接著，透過說出自己的想法和主見，把你的觸角伸出去——從那份覺知、自信和對自己的愛出發，展現自我，有自覺地採取行動、決定站出來、當領導者，主張你的權力，而不是將你的權力拱手讓人。

在職場上，無論你是自己創業或在企業組織中工作，無論你的職位是什麼，主張和展現力量的途徑都是一樣的。從愛出發，提出你的意見，貢獻解決方案。從內在力量出發、仰賴你對人事物的超強直覺，你會很訝異自己得到的自由。我不是說大家一定都會聽你的，或你一定能照自己的意思來，但你會開始創造那份內在的自由和外在的表現，這對成為影響世界的一股力量來講是不可或缺的要素。還有，別忘了，如果某一份工作或某一位客戶令你窒息，你總能轉換跑道。你可以懷著愛放手讓那位客戶走。

切莫再等待別人的認可，或等待別人准許我們行動。我們要拿回自己的價值感。要知道我們有自己的許可就夠了。這是關鍵。我要這世上的共感人更成功。我想看到更多共感人發展得很好，如此一來，這世界就會成為一個對更多人來講都更好的地方，而不再是一個財富掌握在少數人手裡的地方。我是這麼認為的。共感人務必要相信自己並拿出我們的力量。我極力呼籲你們站出來。

注意自己是否以金錢為優先，以致疏忽了人生其他更重要的事情，也是站出來拿回你的力量的一部分。舉例而言，感情、時間、我們生活的這個星球、我們呼吸的空氣，都是現代人爲金錢犧牲掉的東西。我認爲若是將這個優先順位顚倒過來，我們的生活會富足得多。想想那會是多大的改變吧！

當你讓自己站出來、變得更強大，挑戰也就隨之而來——可能有人想利用你，可能有人反對你的金錢觀，也可能有人因爲你收費太高或賺得太多給你苦頭吃。在學習運用自己的力量和面對隨之而來的挑戰時，堅持下去就對了。繼續前進，繼續運用自己的力量。說什麼我都不願拿我經歷過的一切去交換，因爲我發現越是朝我選擇的方向前進，我所在的位置就越能幫助更多人，而助人是我最大的安慰，能幫助越多人越好。你的使命可能是烹飪、教書、寫作、表演或從事療癒藝術。當你拿出自己的力量，你就會發現自己能觸及更多人，並享有滿滿的富足，絕對夠你分給別人。

如果我們稍微改變一下順序，不再把所有的力氣放在金錢上，不再以金錢爲第一優先，改以健康或生命力能量爲第一優先呢？如果把「擁有多少生命力能量」作爲衡量成功與否的首要條件呢？這會爲我們的生活品質帶來什麼改變？

掙脫金錢的控制，我們的人生和這個世界都會有劇烈的改變。優先順位會改變。對我來講，這一連串的改變始於改變「成功」的定義、翻轉「我們活在一個匱乏的世界，財富不夠分給每一個人」的迷思。這意味著基於一顆知足感恩的心，珍惜我們獨特的天賦和我們對社會的貢獻，自由自在、無憂無慮地表達自己。要知道我們都是一體相連的，去感受那份連結，打開自己的神性之流。

練習

迎向富足的靜心冥想

藉由複誦這些字句，爲豐沛的施與受打開流通的管道。

「我在各方面都受到支持，包括在金錢上。

當我和全世界分享我的天賦，

我也敞開心扉欣然接受自己應得的，
我深知自己值得富足。
我容許自己成為讓財富流過的管道，
如此一來，金錢就能補足我所欠缺的，讓我有本錢去服務所有我接觸到的人。」

9

突破說「不」的障礙

真言：

「愛自己愛個夠，說『不』說個夠。」

迎向我們的神性就意味著敬重內在的那份神性。這對共感人來講可能是一個挑戰。如果你跟我有半點相像，那我猜你也有說「不」的障礙，即便是在你眞的不想答應的情況下。並不是所有共感人都不懂得拒絕，但這個問題在我們身上很常見，因爲我們不僅對別人的情緒感同身受，而且往往會把別人的需求看得比自己更重。共感人熱心助人固然是好事，但你也要問問自己：助人是提升還是耗損了你的生命力能量？換言之，在你說「好」的時候，你是眞心想說「好」，還是你出於責任或義務覺得這是「應該」的？

共感人似乎覺得犧牲自己的需求、在不想說「好」的時候說「好」是一種服務精神，但說「不」的障礙要麼導致我們找藉口推託而不直言，要麼迫使我們最後還是做了不想做的事，因爲我們說不出那個「不」字。前者是不誠實的，後者則會消耗我們的能量，最終我們就落得心力交瘁、過度耗損的下場，有時還會生病，身邊的人隨之受到連累，尤其是那些很在乎我們的人。一旦讓別人失望，個性越敏感的人就越有可能覺得慚愧、內疚和不安。所以，如我所言，促使我們迎合別人的原因是雙重的：一方面，因爲我們對別人的問題感同身受，所以想要爲他們分憂解勞；另方面，我們想避免自己愧對別人，因爲如果讓別人失望或達不到別人的期望，我們就會嘗到內疚的痛苦。

爲了滿足不在乎你的人而犧牲自己的需求，長久下來，你的心裡就會累積怨恨和備受壓抑的憤怒。二〇一三年，哈佛陳曾熙公共衛生學院（Harvard T.H. Chan School of Public Health）和羅徹斯特大學（University of Rochester）的一項研究顯示，比起其他導致早逝的原因，把情緒悶在心裡的人早逝的機率提高了不止三十%，罹癌的風險則提高了七十%[①]。所以，共感人要怎麼處理親近的人際關係呢？和我們相處又有什麼陷阱呢？和共感人在一起對雙方來講可能都很艱難。共感

---

① Benjamin P. Chapman et al., "Emotion Suppression and Mortality Risk Over a 12-Year Follow-up," *Journal of Psychosomatic Research*, 75, no. 4 (October 2013): 381-385, https://www.ncbi.nlm.nih.gov/pmc/articles/PMC3939772/.

人需要大量的獨處時間、屬於自己的物理空間和安靜的環境。我們迎合別人、向對方妥協、為伴侶犧牲的毛病可能在無意間對兩個人的關係造成破壞。我們也極其樂善好施又體貼入微、對別人的需求很敏感、總是當別人的啦啦隊。

身邊的人若是不了解共感人、不看重共感人的需求，我們就有可能失去自己，或是以和為貴犧牲自己的需求，然後情況就麻煩了。如果雙方的基本需求截然不同，例如對方想要二十四小時黏在一起、很愛交際應酬、偏好熱鬧的環境、喜歡滔滔不絕聊個不停，那對雙方來講都會很辛苦。認清並尊重這些差異對雙方的磨合會有很大的幫助。

我們要對眼裡只有自己的人敬而遠之。自戀狂對我們有致命的吸引力，因為我們能看穿他們對外展現的面具、看到他們真實的自我，忍不住就想去疼愛、去呵護那個人，而他們又迫切渴望那份無條件的疼愛與呵護。但只要一不順他們的意，不管是跟他們意見不合、說他們的不是、或做了什麼威脅到他們脆弱卻膨脹的自我，為了避免受到他們的反對，也為了避免他們收回對我們的情感，我們就可能完全失去自己。

當兩個共感人碰在一起，那份心有靈犀、相互了解和感同身受的能力，便可能造就一段心靈契合、深刻入骨的關係。壞處是雙方都會攬下彼此的身心壓力，而且兩人之間沒有祕密存在的空間，因為對方總是知道你的感受或你沒說出口的話。

人與人之間的感情是精神上的交流，雙方都必須付出愛和理解。所以，共感人和他們的朋友務必都要表達自己的需求和喜惡，並找到彼此尊重、兼顧雙方的辦法。對建立牢固的基礎和長久的關係而言，溝通、愛和尊重有莫大的幫助。

向罪惡感說「不」

罪惡感是我們為了別人犧牲自己的主要原因。對共感人而言，罪惡感可能無所不在，這是我們之所以很難說「不」的部分原因。如果讓別人失望或不滿意，我就會有罪惡感，這是我不會說「不」的一大原因。我總是在衡量哪個比較糟：是做我不想做的事比較糟，還是背負說「不」的罪惡感比較糟？舉例來說，在二十出頭歲的年紀，我還單身的時候，我的朋友塔妮莎是單親媽媽，孩子還很小，她爲了維持生計和照顧兩名學齡稚子疲於奔命。她很渴望再交男朋友，但除了工作和顧小孩，她就忙得沒時間做別的事。我深深對她的處境感同身受！身爲共感人，我自然而然設身處地爲她著想，站在她的立場感覺她的辛苦。我不喜歡陷入她那種處境的感覺，所以我把幫助她當成我的任務，因爲我需要她好過一點，我才能好過一點。我常常在她出門時幫忙顧小孩，或在我幫得上忙的地方助她一臂之力。

然而，隨著時間過去，她的處境並沒有改善，而且她對我們之間的安排漸漸習以爲常。相形之下，我卻開始覺得被視爲理所當然。我覺得她把我當成她的問題永久的解決方案。我自己也是正值青春年華的單身女子，我也有我的需求和渴望，我漸漸覺得我的需求都爲了滿足她而被犧牲掉了。我不怪塔妮莎，因爲共感人常常和人形成這種相處模式。我們總是引來需要幫助的人，而且讓他們在我們的幫助下舒適到沒有改變的動力。

我們說服自己說朋友就該爲彼此兩肋插刀，即使在內心深處，我們知道自己不會要別人爲我們這麼做，因爲我們有接受他人好意的障礙。問題是，這種模式持續得越久，我們就越難從這種處境中抽身，進而導致更嚴重的後果。這些後果本來可以避免或早點處理就可以避免。以塔妮莎的事情爲例，我的怨氣累積到最後，我們爲了一件芝麻綠豆大的事大吵一架。然而，冷靜下來之後，我卻是道歉的一方，因爲我沒道理爲這麼點小事發那麼大的火。到頭來，不只原本的問題還是沒有解決，我還因爲氣她、怨她而覺得很內疚。我的氣憤和怨恨只是導致我的自責，我把自己批得一文不值，自認是一個很糟糕的朋友。接下來，我又加倍努力要當一個好朋友，結果我又更怨她占據了我全部的時間和精力。在我的人生中，這種「怨氣爆炸罪惡感加倍」的模式，似乎是許多情況共同的癥結所在。在共感人身上，落入雙輸的局面是常有的事。說起來，這種消耗能量的生活方式眞是太瘋狂了。

到我認識我先生丹尼並和他墜入情網時，情況終於來到非採取行動不可的關頭。我和丹尼決定交往，而且我們有很多時間都待在一起。我發現塔妮莎並不爲我高興。我對她的反應十分訝異。我和丹尼在一起很快樂。我還以爲塔妮莎會樂見其成。但我不再有那麼多時間可以給她，她開始對丹尼很不滿。這下子我又拚了命要安撫她。儘管如此，有許多次我還是覺得她置我於二選一的兩難中，逼我在她和丹尼之間選擇一個，而不是歡迎丹尼來到我的人生中。歡迎丹尼才是她該有的健康心態。

當然，我選了丹尼，而且很痛苦、很傷心也很內疚地離開了那段友誼。要到事後回顧起來，我才認清那段友誼的眞面目。一段時間過後，塔妮莎又回到我的人生中，甚至還向我道歉，但那是在她發現我沒有要回頭、我的人生沒有她好得很之後的事。

回顧我和塔妮莎之間失衡的友誼，細數我人生中其他諸如此類的狀況，我體認到不惜代價以和爲貴、避免衝突，長久下來只會導致更嚴重的衝突。我們之所以避免衝突，是因爲害怕衝突會耗損我們的能量。但如果能勇於爲自己挺身而出，並且盡量透過和善的表達方式，面對衝突就會變得越來越容易，我們也會從照顧自己當中感受到對自己強烈的愛。若是早一點傾聽自己的心聲，並把心裡的話說出來，或許會很痛苦，但也會爲我免除日後更多的心痛。

向不健康的關係說「不」

怕讓人失望的下場，就是我們處處按照別人的意思。對這份失望的恐懼導致我們老是繞著別人團團轉。我現在明白了，當我對不健康的關係說「不」，其實就是在爲健康的關係騰出空間。有時候，對我不好的人也會因此體認到這份關係的價值，並開始用心經營我們的關係。

在此我想多給一句忠告：不要等待或希望別人會改變。我等塔妮莎改變等了很多年，而她終究沒有改變。只要我們繼續當腳踏墊，別人就沒理由改變。我不得不棄她而去。如果你決定離開一段單方面付出的關係，對方可能會承諾做出改變，但不要指望他們會說到做到。此外，如果他們不改變，那就表示除非你當他們的腳踏墊，否則這段關係不會存在。如果這不是你要的，那就頭也不回地走人吧。最困難的部分是當他們來挽回你，再度承諾做出改變時，不要輕易讓步。以我爲例，塔妮莎不得不改變，因爲她知道丹尼和我多麼相愛，所以她很小心不要把我推開，或避免置我於二選一的處境中，逼我選擇要把時間或精力花在丹尼或她身上。

在一段失衡或互依❶的關係中，你的伴侶可能是塡不滿的無底洞，如此一來，共感人非得讓別人好過、自己才能好過的毛病甚至是更大的問題。我很感激丹尼對我的需求很敏感，就像我對他的需求很敏感一樣。天底下不會有比他更適合我的對象了，而我知道他對我也有同感。

我從一開始就很愛丹尼的一點，就是他鼓勵我對不想做的事情說「不」。他總是要我忠於自己、表達我眞正的感受，且無論如何他都不會以批評的眼光看待我。他從不要我爲了取悅他去做不合我意的事，而且他總是提醒我不要迎合他，因爲他知道我有這種傾向。我感覺到他無條件的愛，但我對別人卻從來沒辦法說「不」，就連我得癌症時也是如此。死過一次終於治好了我的說「不」障礙。歷經瀕死經驗之後，我失去了許多朋友，包括塔妮莎在內，因爲我再也不願爲他們犧牲自己。回首過往，我知道癌症是我的身體對抗說「不」障礙的方式。

在死過一次之前，我似乎很容易引來像塔妮莎這樣需要幫助的人。共感人之所以引來需要幫助的人，原因在於同理心不強的人會離開這種單方面付出的關係，但共感人會留下來，因爲如果不能拯救或幫助有需要的人，我們就會產生罪惡感。這種罪惡感的角力是很累人的。我要麼爲了滿足別人永無止境的要求而疲於奔命，要麼爲了棄別人於不顧而內疚不已。對共感人來講，落入這種雙輸的處境眞是一場噩夢。

之前幫我出書的賀氏書屋（Hay House）爲他們的作家開了一個電台，我在那裡有一個每週播出的節目。有一次，我在節目當中接到一位名叫羅蘭的女士來電。她聽到我分享我和塔妮莎相處的經驗。聽了我的故事，她忍不住打來跟我聊她的老闆班，因爲她跟他也有類似的情形。「那是我夢寐以求的工作。」她說的是她在一

❶ 互依（codependency），心理學指一段關係中一方永遠扮演照顧者或助人者，另一方永遠扮演接受照顧或接受幫助者。後者需要依賴前者，前者則需要依賴後者的這份依賴。

間行銷公司擔任專案經理的工作。「我決心做出成績來，證明自己是這個職位最好的人選。坦白說，不只是證明給我的老闆看，也是證明給我自己看。我要讓每個人都知道這個位子非我莫屬。我從第一天起就卯足全力，我設想到一切需求、交出報告、做出樞紐分析表、提早在預算內完成所有計畫、超時加班。從早到晚，我想的都是：我還能做什麼？怎樣可以做得更好？我要怎麼讓班過得輕鬆一點？我不是從九點工作到五點半，而是每天早上七點半就進辦公室，晚上八點才離開。我不介意。我熱愛這份工作。但我對這種瘋狂運轉和鞠躬盡瘁上了癮，一心想看到班讚賞地笑一笑或點點頭。如果漏掉一個小細節，或比別人早下班，尤其是比班早下班，我就覺得很愧疚。」

當然，班對此習以爲常。所以當羅蘭遇到此生的眞愛、開始跟對方交往，爲了和她的新男友在一起，她變成會在合理的時間下班，常常傍晚六點半離開辦公室，班就開始挖苦她「早退」的情形。他會說：「你昨晚溜得還眞快啊。」或是：「那麼早下班一定很爽吧。」這也太扯了，因爲她還是從七點半就開始上班，而且總是邊吃午飯邊做事。問題終於到了非解決不可的地步。就在她打來我的電台節目前兩天，傍晚六點半，羅蘭關上電腦準備下班，班卻不悅地說：「下次你如果打算早退，請你先知會我一聲，好讓我早點把報告交給你去做。」

「有生以來第一次，我當場理智斷線。」羅蘭說：「他一副高高在上、理直氣壯的樣子。我丟下一句：『下次你如果要我加班，也請知會我一聲！』說完我就大步朝電梯走去。」

她覺得超痛快。但只痛快了五分鐘，她就爲自己情緒失控、棄班於不顧內疚起來了。她也擔心失去這份工作。第二天早上，爲了補償班，她對他好得不得了。她又開始超時加班了，即使她知道這樣下去不是辦法。「我又來了。」她說：「我又落入做得更好、更快、更完美的迴圈裡了。」

在我們通話期間，我告訴羅蘭說她眞的要跟班開誠布公地談一談，向他強調她有她自己的生活，每天花那麼多時間在工作上對她來講不是長久之計。她必須當面把話說開，讓老闆知道這樣行不通，看看他怎麼說。如果他不講道理，她只好考慮另謀高就了。我請她再打來我的節目中，讓我知道後續發展。

兩星期後，我接到羅蘭打來的電話。果不其然，她跟班把話說開了。好消息呢？他承認他處理不當。她理智斷線那晚，他才意識到自己一直以來都吃定了她的好脾氣。他也告訴她，他眞的很器重她，而且很高興她戀愛了。她說開誠布公跟他把話說開是她做過最好的決定，她但願自己早點這麼做，而不是把怨氣越積越深。附帶的好處是她現在知道老闆有多器重她！甚至更好的是她也很看重自己。

要判斷一段關係或某個處境（例如工作）對不對，不妨問問自己：「我爲朋友/同事/老闆/伴侶做這一切，是基於對他們的愛與關懷（或者，在職場上，基於對他們的欣賞和尊敬），我眞的想幫忙，而且他們也眞的需要我幫忙，還是因爲我覺得應該這麼做、必須當個好人、不想落人口實、不想面對事後的內疚？」如果是後者，那你就沒有和對方坦誠相待。

想像一下，如果朋友或伴侶爲你所做的一切也是基於一樣的理由——他們覺得不得不，或他們怕被說成是壞人。要是知道他們只是覺得「應該」爲你做這些事，或他們心裡其實很不滿，你會有什麼感覺呢？萬一你發現眞相是如此，你一定會很內疚或很傷心。

另一個你可以問自己的問題是：「我怕不怕跟他們談我的罪惡感和責任感？」換言之，你能否跟他們好好說，讓他們知道你沒辦法一直這樣幫忙下去，以及幫這些忙對你有什麼影響？如果你不敢跟朋友或伴侶聊你眞正的感受，與其把話說開，你還寧可把不滿憋在心裡，那麼這也不是一段健康的關係，而且最後恐怕不會有好結果。如果你覺得除非你繼續勉強配合，否則他們就會離開你，那你繼續留在這段關係裡也是不健康的。

如果你暗自懷疑這是不是一段好的關係，那一定是有什麼地方感覺不對勁，而這種感覺就需要提出來。如果你不敢向對方提出來，那麼這段關係肯定就不適合你。再次想像一下，如果是對方心裡對你有這樣的懷疑，你會有什麼感覺？如果你會覺得很不好受，那他們也一樣會不好受。別忘了：你現在就是這樣對待他們的！在這段關係裡，你不僅對他們有所隱瞞，對自己也不十分誠實。

當你和一個你眞正在乎的人在一起，就算日子不好過（或許對方得了致命重症或身陷困境），你心裡還是知道你哪兒也不想去，只想和這個人在一起。即使你必須離開去做別的事，你也知道自己滿腦子都會想著他怎麼樣了。但如果你的配偶、伴侶或朋友在受苦，而你只覺得：「天啊，但願我不必做這些！別人都跑了，留下來幫他的總是我。我可能還是得留下來，因爲我不想他日後說我的不是，但我眞希望自己在別的地方或跟別人在一起。」那你絕對是在一段大錯特錯的關係裡。

舉例而言，我現在對丹尼的感覺，就是我知道如果他出了什麼事，無論是身體出狀況、受到什麼打擊或創傷，還是碰到任何事情，我都不想離開他身邊。我會不惜一切跟他一起度過難關，而且不是基於罪惡感或責任感，而是因爲我愛他，他的幸福快樂就是我的全世界。如果我需要喘口氣、重新充電一下，我也大可告訴他，因爲他一樣能同理我的需求。我們都明白彼此的需求與情緒，所以不會造成彼此的負擔。我們鼓勵對方讓自己開心、做自己覺得對的事，而且我們能自在暢談這些事情，不怕對方會失望或棄這段關係而去。我們都想爲對方好、讓對方快樂。

我罹癌期間，丹尼百分之兩百陪在我身邊，而我絲毫不覺得他是基於義務這麼做。他讓我知道他哪兒也不想去，只想陪在我身邊。如果你和你的朋友或伴侶對彼此的感覺不是這樣，誠實一點還是好過純粹基於義務。

處理伴隨說「不」而來的愧疚

既然明白了說「不」的重要，我們就要來學習處理可能隨之而來的愧疚了。如我所言，罪惡感似乎是人違背心意說「好」的一大原因。尤其是女人或當媽媽的人，出於對別人的愧疚，我們犧牲了自己或自己的健康快樂。不管是老公、孩子、朋友還是路邊的街友，別人的需求似乎都排在前面。

共感人一旦設下界線保護自己就會有罪惡感，即便是要保護自己不受傷害。我們往往覺得不該對傷人者妄下論斷，因而導致我們很難保護自己、遠離可能造成傷害的人。

在幸福快樂或一帆風順的時候，我們也會產生罪惡感。就算沒做錯什麼事、沒傷害任何人，就算我們的幸福或成功是光明正大得來的，我們還是會有罪惡感。我們只要心情好就有罪惡感。哇！這眞是把罪惡感用錯地方了。共感人需要常常提醒自己：我們的成功和好運是努力得來的，理應當之無愧！

歷經許多的實驗與失敗，我整理出以下一些有效處理罪惡感的好辦法：

1. 自我覺察和自我悅納。意思就是要對身爲共感人的灰暗面有所自覺，例如你的恐懼、用錯地方的罪惡感、自我否定等等，並跟自己的灰暗面交朋友。別再爲了容易有罪惡感、個性太敏感或想要討好別人而自責，把這些特質當成你的天賦的另一面，學著接受自己的特質。

2. 選擇比較好的那一個。當你又落入熟悉的雙輸局面，在照顧自己和讓人失望之間左右爲難時，好好感受一下這兩種處境。想像一下哪一種感覺比較好或比較眞，就算只是相對好一點而已。即使必須懷著愧疚，比起當腳踏墊或無視自己的需求，讓別人失望可能還是比較好。

3. 在試過前面兩種方法之後，如果你心裡還是有殘餘的罪惡感，那就試著當一個觀察家。觀察你用錯地方的罪惡感，觀察你急於避免衝突的傾向，觀察你爲了避免衝突做到什麼地步。接著再觀察你自己的感受和情緒，彷彿從自己的身體跳出來看。注意你的身體有什麼感覺，看看這種感覺出現在哪個部位。注意在你的生活中有哪些勾起這種感覺的常見主題。找出那個模式。像在觀察別人一樣觀察自己。自從有過瀕死經驗之後，我就發現觀察自己變得比較容易，但我相信每個人都能練就這種能力。這麼做能減輕情緒對身體造成的生理負擔，並減輕心頭那種沉重、高壓、恐懼的感覺。

4. 研擬一套婉拒別人的說詞，在你想說「不」的時候用適合你的措辭拒絕。這麼做有助你解決衝突。如果你跟我很像，那你很可能不願跟人起衝突。所以爲了避免衝突，當別人請我做的事情我不想做，或至少現在不想做，我就會用以下的說詞拒絕：

- 等我想清楚再回覆你。

• 我得想一想。現在先不做決定可以嗎？
• 你來找我，我很感動，但我手邊事情太多了，所以爲了照顧自己，我不得不拒絕你。
• 我想過了。很不巧我現在沒辦法，但謝謝你想到我。

5. 學著接受！我知道我說過很多次了，但我再怎麼強調也不爲過。注意自己不好意思接受的毛病，敞開心扉欣然接受。看自己接受恩賜與財富。看自己接受愛。善待自己，爲自己的信念挺身而出，在想說「不」的時候說「不」，看自己接受這些自我善待的舉動。學會接受，你才能爲自己充飽電，才能忠於自己並勇於拒絕，才不會爲了避免讓人失望左右爲難，才能繼續當一股對這個星球好的力量。

6. 寫日記。書寫對我來講很有抒發的作用，胸中塊壘都能藉此宣洩出去。此外，透過寫日記，你也成爲第三點當中提到的觀察家。所以，寫日記也有助於讓自己跳脫種種情緒。再者，你可以過幾星期或幾個月再回顧你寫下的文字，看看自己已經走了多遠的路。

7. 最後但最重要的一點，就是在這整個過程中都要愛自己。不要自責！多愛自己一點。笑對自己。笑看自己的特質，別想得太嚴重了。笑看自己對說「不」的罪惡感。笑看自己在拒絕別人之前百轉千迴的思緒。與人暢聊共感人特有的感受——對衝突充滿排斥的糾結心情，深怕辜負別人或讓別人失望的惶恐，以及罪惡感、罪惡感、罪惡感。聽你聊這些，別人會覺得耳目一新。當你能暢聊這些特質，當這些話題對你來講不再是禁忌，就代表你學會愛自己和接納自己了。要知道你是一個有力量的人，但如果你不要那麼嚴厲地看待自己，不要讓不當的罪惡感左右了你，你甚至能更有效地展現自己的力量。

這七點不僅有助於處理和化解不當的罪惡感，也有助於減輕伴隨著罪惡感或逃避衝突而來的焦慮、壓力、甚至痛苦的感覺。

學會聽從自己的心意、對違心之事說「不」，這個簡單的舉動對於改善你的人生有多大的影響，我再怎麼強調也不爲過。光是擁有說「不」的能力就能讓你更忠於自己，並開創一份忠實反映你是誰的人生！

練習

說「不」的靜心冥想

在需要鼓起勇氣說「不」的時候，趕緊對自己悄悄說：

「透過聆聽我的內在嚮導，我尊重自己的心意。我說『不』說得問心無愧。說『不』不會讓我變成壞人。相反的，說『不』讓我成為一個更真誠的人。」

放掉非我所願的一切，
讓我放自己自由，
盡情擁抱最後浮現出來的那個我。」

10

打破性別規範

眞言：

「我擁抱我的性別！」

我們活在男性主宰的社會規範底下太久了，後果就是我們看到女性的能量（本質上沒有男女之別的能量）備受壓抑。所以，是扭轉這種極端的局面、創造兩性平衡的時候了。

爲了避免產生罪惡感、避免遭到別人的反對、或避免讓別人失望，女性共感人可能就會甘於現狀，遵循當前的性別規範。男性共感人也深受性別偏見所害，只不過是從相反的角度——他們被斥爲不夠「陽剛」。

我在一個性別極不平等的文化背景中長大，直到長大成人都抱著男尊女卑的觀念。在印度的文化規範中，女人必須受到男人的照顧，因爲我們手無縛雞之力，因爲我們太纖細敏感了。我們先是受到父親的照顧，養在深閨之中，到了婚後再由丈夫接手照顧。

身爲成年未婚女性，如果我在夜裡和女性友人外出，就必須有男性親友作陪——或許是我的哥哥，或許是某個我的家人認識並信任的人。家事都是分配給我。我的哥哥不做家事。如果問我父母爲什麼哥哥不用幫忙洗碗煮飯，他們就會說：「因為你是女生、他是男生。」說到領導才能，成長過程中，我也被灌輸了一樣的觀念：男人是領導者，女人要是爭取權利或地位，就會被認為嫁不出去。醫生、官員、主播，這些都是男性專屬的工作。女性專屬的是輔助角色，例如助理、祕書、護士。

如果你在類似的文化中長大，想想看你都接收到什麼樣的訊息，想想看這些訊息在我們心裡形成的迷思——我們時時刻刻都需要男人的保護。這種迷思使得我們懷疑身為女性的思考能力、應變能力、創造能力，乃至於成就一切的能力。它讓我們懷疑自己的力量。它動搖了我們在各方面的自信。

性別偏見其實存在於所有文化中。許多人都說在西方，尤其是在美國，女人沒什麼好抱怨的；我們自由得很，絲毫不受這些迷思的束縛。就某種程度而言確實如此，但也只是某種程度而已。

畢竟在美國，直到一九七三年為止，若是沒有父親或丈夫的簽名，女性就不能申辦信用卡或申請貸款。她們可能是家裡主要的經濟來源，但那不重要。粗略看來，我認爲這一切的改變不大。男女之間仍有二十%的收入差距，亦即男性賺一美元，女性只賺八十美分。若是將我們爲了照顧家庭和親人請較多的假、因此失去加薪和升遷的機會算進來，這個數字甚至低到四十九美分①。我們往往缺乏升任主管所需的自信，即使我們比男性同事更有資格。我總想起著名的惠普公司（Hewlett Packard）內部報告中說，女性要認爲自己百分之百合格才會應徵一份工作，相形之下，男性只要自認符合六十%的資格就會去應徵。

雖然全世界都有進步，但兩性之間的落差還是很大。世界經濟論壇（The World Economic Forum）的全球性別落差報告（Global Gender Gap Report）顯示，依照目前全球總體性別落差拉近的速度，歐洲將於六十一年內達到性別平等，南亞爲七十年，北美則爲一百六十五年②。依我之見，性別落差縮小的速度太慢了。

這種制約和這些文化迷思不僅很難克服，而且會導致更錯謬的迷思，例如「我不重要」、「我不夠好」、「除非身邊有個很強的男人，否則我就沒有價值」、「已婚婦女比單身女性更有價值」等等。文化上的性別偏見和限制不是眞理，而是我所謂的濾鏡。在另一個世界不存在性別偏見，因爲那裡沒有性別、只有能量，而能量既不陰柔也不陽剛。性別是我們在這個世界上的生理構造。性別的存在以繁衍爲目的。認清了這一點，我們也就更能認清性別偏見和限制是錯謬的濾鏡，進而幫助自己和世人掙脫性別的束縛。

逃跑新娘

掙脫束縛不容易，但若是內在有力量就容易得多。那股力量來自忠於眞實的自己。在對抗濾鏡形成的偏見時，若是沒有對自己的愛及隨之而來的力量、信念和自

① Emma Newburger, “Closing the Gap: A New Study Shows that Women Earn Half of What Men Earn,” *CNBC Make It*, November 28, 2018, https://www.cnbc.com/2018/11/28/study-for-every-dollar-a-man-earns-a-woman-earns-49-cents.html.

② “Global Gender Gap Report 2018,” World Economic Forum, https://reports.weforum.org/global-gender-gap-report-2018/key-findings/.

我接納，要掙脫束縛就會是痛苦不堪的一件事。

我提過印度主流文化對我的期待就是要當個好太太，嫁給父母為我挑選的合適對象。那個人在文化、家世、社經水準等方面要跟我門當戶對。說到底，我的首要之務就是讓自己在男人眼中有吸引力。直到死過一次之前，我都受到這種制約。遺憾的是，在印度傳統社會裡，由於單身女性比已婚婦女更沒價值，所以找對象的任務很早就開始了。

我還不到青春期，父母就開始把我栽培成未來老公的好妻子。意思就是我要學會溫良恭儉讓、惹人愛、擅長做家事，還有除非我未來的老公和他們家允許，否則我不能就業或求學，因為根據印度傳統文化，你不只是嫁給那個男人，也是嫁進他們家，和他的父母手足生活在一起。結果就是女人在婚前服從父親，婚後終其一生服從丈夫。

想到要這樣過一生，我總覺很可怕。那無異於精神上的死亡。我想做我自己，自由選擇我熱愛的工作。我也想環遊世界、追求遠大的夢想，並且自食其力。我想找到自己的路。我最不願的就是嫁給別人爲我選擇的對象。我是個無可救藥的浪漫派。我想自由戀愛。我想爲我自己選擇的人神魂顚倒。

我看著我的幾位印度閨蜜接連出嫁（一個十七歲嫁人，另一個十九歲！）。她們多半都很期待結婚，即使是嫁給父母在狹隘的許可範圍內爲她們選擇的男人。朋友們都披上了嫁衣，旁人就會問我父母爲什麼他們的女兒還待字閨中，暗指我乏人問津。當我注意到跟我氣味相投的閨蜜們毫不質疑現狀，我甚至更懷疑自己了。事實上，我覺得很可怕的事情，她們卻覺得很期待！

這是一個我花了數十年才打破的模式。從那之後，我開始懷疑我的內在自我，認爲自己一定有哪根筋不對。不能主張自己要走的路、不能主張我的權力，讓當時的我覺得很孤單、不被了解，也很怕會孤獨終老。我在自我表達的需求和討好家人的渴望之間搖擺不定。我在想對周遭一切說「不」的時候說「好」。我非但沒登上自己的舞台，反倒還從自己的舞台退了下來。

終於，到我二十幾歲時，我同意了父母爲我安排的婚姻。但結果只是適得其反，我做出比八〇年代早期將頭髮噴成粉紅色更瘋狂、更驚世駭俗的事情。到了最後關頭，就在舉行婚禮前夕，我內心深處的聲音吶喊著：「別這麼做啊！這不是你！這不是你來到這世上要做的事！」於是我跑了。

婚禮地點訂於孟買。那是一場精心策劃的盛會，全世界的親戚都會飛來觀禮。場地訂好了，人員僱好了，攝影師、外燴、樂隊等等一切就緒。而且按照印度婚禮的習俗，總共至少有七場儀式排隊等著展開。退婚是很困難的決定，但我看不到其他選擇。我跟我的未婚夫訂婚八個月了。這段期間，我努力符合夫家要的樣子，從每天要穿什麼衣服，到婚後要學會做什麼菜，大大小小所有決定都要徵求我未婚夫和準公婆的同意。到了舉行婚禮前夕，我已經疲憊不堪了。更不幸的是，基於夫家的觀念，我不能出去工作賺錢、旅行或實現我的任何夢想。

在這種情況下結婚，無異於從熱鍋中跳進火堆。如我所言，在父母安排的印度婚姻中，你不只是嫁給那個男人，而是嫁進一個全新的家庭。媳婦的角色是締結婚約必然的一部分，尤其因爲我必須跟公婆住在一起，而他們似乎比我老爸還嚴格！

舉行婚禮前三天，我內心的風暴無法平息，因此我決定跟母親實話實說。我告訴她，經過八個月之後，我還是不認識我的未婚夫。準公婆遠比未婚夫更常出現在我的生活中。是他們訓練我當完美的印度人妻、教我煮他愛吃的菜、教我怎麼穿印度傳統服飾。想到要跟一個我不太認識的男人度過新婚之夜，我就感到前所未有的恐懼。

我母親活像蓋世女英雄一般，她把我抱入懷中，安慰我說她不會逼我去結這個婚。我一方面如釋重負，一方面卻又很怕公公婆婆、一眾賓客和遠道而來的親戚的反應。更別提我們還得處理訂好的場地、人員和一切的一切！我媽說全都包在她身上，包括跟我的未婚夫和準公婆談，確保所有親戚、賓客、場地和人員都接到通知並獲得補償。她把一切全都攬下來了，唯一只怪我沒有早點告訴她。

不出所料，我母親和我的未婚夫及準公婆談判時，對方大發雷霆。他們指責我母親把我寵壞了，雙方大吵一架。他們叫我媽打我巴掌，並逼我在婚禮當天乖乖到廟裡報到。我母親說她不會做這種事。

我沒勇氣留下來看他們的反應。我也知道他們一定會來找我，所以我跑去躲在一位好友的家。她在十九歲接受安排結了婚，現在嘗到了苦頭，後悔不已。當時她住在孟買，得知我的情況，就爲我敞開了她的家門。

我未婚夫的家人找上門來，但我躲在臥房裡，由朋友出面跟他們周旋。我沒辦法離開她家一步，因爲他們在大樓外和街道上徘徊不去，懷疑我人在那裡。我就這樣躲了一個月，直到風頭過去，來自海外的親戚都飛回家爲止。

有些人可能覺得逃婚很勇敢，但在許多方面，這舉動直接出自共感人的內在指引。因爲我不想讓人失望或製造衝突，所以我沒勇氣說「不」。因爲我沒勇氣說「不」，所以我陷入自我否定，同意了父母安排的婚姻。但眞的到了締結婚約的時刻，我卻跑了，結果只是造成更大的失望和衝突，而這正是我一開始想要藉由迎合別人去避免的。無論你從哪個角度看，我的做法都說不過去，隨之而來的騷動讓我的家庭和新郎的家庭雙雙蒙羞。

當我的外公外婆逼我母親接受父母安排的婚姻時，我母親便發誓絕不會對自己的女兒做一樣的事。認命嫁給我父親之後，她必須壓抑眞實的自我，但她從不因我想要展現眞實的自我對我生氣，也不曾約束我叛逆的一面。最後，她甚至在我逃婚時站在我這邊。就連我們自家人也怪她把我寵壞了，因爲她既沒數落我，也沒用不讓我回家的手段逼我回到未婚夫身邊。她就像走在鋼索上，一面設法徵求我父親的認可，一面挺我挺到底。就算全世界都跟我作對，包括我父親在內，我母親也不曾對我妄加論斷或指責。她站在我這邊，爲我對抗全世界，在我們的文化和我的夢想之間周旋。

雖然我母親從不吝於給我肯定，但我父親在這方面就很吝嗇了。我必須努力博取他的認可，就算得到了也只是一時的。所以爲了保持他對我的肯定，我無所不用其極，甘願扭曲自己。一旦又失去他的肯定，我總覺是我的錯、我一定做了什麼傷他的心。任何一點小事都會遭到他的反對，導致他把對我的愛收回去。不管是在我房間牆壁上貼一張眞人尺寸的男明星海報，還是和朋友講電話講到三更半夜，無非是一般青少年都會做的事情，但我父親就是會對這種事反應過度。他不只會對我發飆，也會對我母親發飆、怪她寵壞我。他的怒火造成我的罪惡感，於是我又把扭曲自己、努力當個乖女兒、贏回他的認可的循環整個再來一遍。

所以，只要我越線（當我在外面逗留得比較晚，當我跟不同文化背景的男生交往，當我穿得稍微露了一點），我父親就會對我和我母親發脾氣。我會覺得很難過，內心甚至更衝突了。在這種情況下，我之所以循規蹈矩，遵從充滿壓迫的傳統印度文化，不是因爲對我父親的畏懼，而是因爲我不想在父母之間製造糾紛。在當時，我甚至都沒意識到這種雙重的情緒負荷。那年頭，在我的文化裡，女生要到婚後才離開父母的家，所以，我根本不可能逕自搬出去找工作。家父和我之間的矛盾一直持續到他過世。直到我瀕死之際在另一個世界遇見他，我們之間的問題都沒有解決。

突破看不見的性別限制

我在死時體認到另一個世界沒有性別。那裡沒有性別，因爲我們沒有形體，我們只是純粹的、精神上的存在。我們雄偉得難以置信。我們強大、有力。這些特質都是我們的一部分、愛自己的一部分、宇宙意識的一部分。我們何不在有形的世界中擁抱那一切呢?擁抱我們的同理心和敏感,也擁抱我們的主見。擁抱陽剛的特質,也擁抱陰柔的特質。對形成一個完整的個體而言,這每一部分都一樣重要。舉例來說,想想陰和陽的概念吧。在另一個世界,這些特質沒有孰好孰壞之分。事實上,在那個世界絕不存在任何論斷。就是這樣!

這份體會感覺是那麼眞實、那麼正確!成長過程中,我總覺有哪裡不太對。但在瀕死之際,我恍然大悟,一切都有了道理。

我領悟到我們扮演的角色、我們固守的角色、社會灌輸給我們的角色,都只是文化上的角色。女性外出工作就有罪惡感;相對於愛自己,社會教我們擁抱自我犧牲的情操;比起男性,社會更鼓勵女性壓抑小我——這些性別差異都是文化的制約。但另一個世界讓我看到掙脫文化和性別的限制是有可能的,而且何其美妙!

我先生丹尼向來比我更會做家事。但在我死過一次之前,我眼裡看到的不是丹尼手很巧，而是自己手很笨。對我來講，那是令人慚愧的缺陷。每當有親友來家中作客，我總極力掩飾這件事實。然而，去另一個世界走一遭之後，我到處吹噓丹尼把家裡打理得多好，他則樂得嘲笑我的笨手笨腳（當然是開玩笑的）。

在這個世界上，兩性一樣重要。就像陰和陽，少了一個就不和諧。身為比別人更多愁善感的共感人，我鼓勵你將自己的超能力視為長處。無論你是男生、女生、跨性別、同性戀或異性戀，擁抱這一切。我們將敏感貼上女性特質的標籤，但與其說是女性特質，不如說是陰柔特質。我們不必為這些特質界定性別。陰柔特質就跟當今社會看重的陽剛特質一樣重要，後者例如有主見、剛毅、堅定、強勢和堅強。

許多男性共感人都有較為纖細敏感的特質，但他們不敢表現出來，因為怕被貼上軟弱的標籤。相形之下，很多女生則以為自己要更像男人，才能在這個世界上獲得成功。我要你知道不是這樣的。在今日的世界上，我們比以往都更需要這些女性特質。

我們需要更多的女性楷模。我們需要擁有女性特質的女強人做其他人的表率。

我鼓勵你擁抱小我，因爲擔任領導者得有小我才行。小我不是你的敵人。關閉覺知鈕、壓抑內在的神祕家、切斷和意識之網的連結才是敵人。身爲覺知力和同理心超強的共感人，你要擁抱小我才會知道你想說的話很重要、必須跟人分享，無論是選擇跟一個人分享，還是跟全世界分享。

我學到的其中一件事，就是永遠都要朝無愧地忠於自己努力——無論我的性別是什麼。歡迎你跟我一起這樣做。擁抱眞實的你。擁抱你的長處和天賦。另方面，如果你很不擅長某件事，例如算術或拼寫，大膽承認，不用害怕。我希望你也會像我一樣，發現越接納自己就越不怕別人品頭論足。越不怕別人品頭論足，你就越能展現出自己的長處。

擁抱你的性別的靜心冥想

你有那麼多能貢獻的東西。這些字句會幫助你欣然接受自己的一切，包括陰柔的一面和陽剛的一面。

「隨著身體放鬆下來，

我明白到我之所以是我是有理由的。

以我的性別來講，我很完美。

在這個有形的世界上，我的一切都有其必要與價值。

我允許自己充分、真實地展現自己。

我無愧地擁抱我的長處。

我毫不害臊地擁抱和滋養我的身體。」

11

活得勇敢無畏

「我勇敢無畏地過我的生活！」

我父親在我死時叫我勇往直前、活得無畏，我做到了。我從瀕死經驗中學到，來到這個世界上就是要做自己、愛自己，並從做自己和愛自己出發去過生活。活得無畏就是展現眞實的自我。這意味著接納自己，無論是正面的想法，還是負面的想法。在這個五感的世界裡，我們都會藏起自己與眾不同的想法。和這麼多共感人工作過以後，我發現我們也會因爲有看穿別人的能力而藏起自己的想法。我們以爲別人也像我們一樣，很容易就能看穿別人，所以，我們把自己的想法埋得更深，免得露出馬腳。我們用保護殼把自己包起來，躲在裡面。

然後還有整個社會對負面想法的壓迫——那種「如果我們冒出負面的意念，即使只是一瞬間，負面的意念就會帶來負面的結果」的迷思。這種恐懼在共感人身上尤其普遍，因爲我們是那麼容易受到心理暗示的影響。在我辛苦抗癌期間，每個人都在談吸引力法則，擋也擋不住。數不清有多少人跟我說「是你引來了癌症」、「是你的意念把癌症吸引過來的」、「負面的意念引來負面的結果」之類的話。我想不透。怎麼可能呢？我向來都是很正面的人啊。我總是那個散播歡樂的人，有誰需要一點正能量就會來找我。我也有那種鬱鬱寡歡、喜怒無常或甚至尖酸刻薄的朋友，但我自己從來不會這樣啊。我總是爲大家加油打氣的那一個。還記得嗎？我想讓每個人都喜歡我。

當我們試圖壓下自己的念頭和情緒，我們傳遞給自己的訊息就是「我不夠好，所以我需要消滅自己的這個部分」。我們壓抑一部分眞實的自己，而這麼做是不健康的。要監控自己的每一個意念（逐一打消或放行），就需要對自己的意念加以評斷，而當我們這麼做的時候便是在論斷自己。這是一種造作、失眞的存在方式。

這就是我們在遵循吸引力法則時要注意的地方。很多人其實對吸引力法則的道理不甚了解。在我認爲，引來種種人事物或處境的不是我們的「意念」，而是「我們是誰」——不分何時何地，我們是不是在做自己。

直到死過一次、學到愛自己才是關鍵之前，我對吸引力法則都只有一知半解。

當你愛自己、看重自己，你就再也不必注意自己的意念。

允許自己做自己

根據我的親身經驗，一旦你允許自己做自己，你甚至不會害怕接受自己的負面念頭。種種念頭來了又去。就像正面念頭一樣，負面念頭也只是你的一部分。當我們允許自己做自己，我們就會引來眞正屬於我們的東西。我們不必擔心自己的意念。若是引來正面的結果、機會、感情和際遇，我們不用擔心如何才能抓得住；萬一身陷逆境，我們也不用害怕自己冒出負面的想法。想法只是想法，而每一個想法都是造就了你的一部分。

現在，我甚至不會爲我的想法貼上正面或負面的標籤，它們就是我。你也可以達到一樣的境界。想想年幼的孩童吧。他們什麼壞念頭都隨口說出來，說完就去做下一件事、玩下一個遊戲了，結果也沒給自己招來什麼災難。你不會批判他們，他們也不會批判自己。他們知道自己還是被愛的。他們在學習。我們也在學習。所以，對自己寬鬆一點。愛自己就對了。只要做自己就好。

做自己的辦法就是問問自己：「如果要重新打造自己，我會是誰？如果沒人在看，我會是誰？」問自己這些問題的時候，別忘了，你不再像我們在第一章談過的那樣，閉著眼睛活在這世上。你不再活在一個五感世界裡。你透過全新的眼光看世界。所以，沒有了那些關於事情「應該」怎麼樣的迷思，現在你怎麼看待自己？你對自己有什麼體會？如果沒辦法確定，不妨向你內在的神祕家提出這個問題：「我想把自己看成一個光明、自由、成功、有創意的人嗎？」接著看看你心裡浮現什麼形象。

我們之所以引來自己不想要的東西，不是因爲負面的意念，而是因爲我們是在透過過去的包袱和迷思，爲自己創造出眼前的現實。一旦藉由傾聽內在的神祕家和愛自己放下那一切，我們就會以清晰的眼光看世界，創造自己想要的人生，讓世界反映出我們想要的一切。

我們對這世界有什麼觀感，取決於我們透過什麼眼光看世界。當我們的想法改變、眼光改變，我們的視野也就不同了。換言之，若是透過善意的眼光看世界，我們就會看到更多的善意；若是透過憤怒的眼光看世界，世界反映給我們的就是憤怒。舉例而言，買了一輛新車之後，你突然就會注意到路上有一堆同款的車子，即使你在之前不曾看到或很少看到。或者，假設你為了跟別人不一樣，買了一款顏色很特別的車子，接著就突然注意到好多人都開同色的車型。我的第一輛車是大紅色。我本來覺得沒什麼人開大紅色的車，但在我買了紅色的車子之後，哇！我就大開眼界了。

就更深奧的層面而言，已有科學研究證實了我們對環境的影響。想想江本勝的著作《生命的答案，水知道》（*The Hidden Messages in Water*），書中勾勒了他對水做的實驗。他發現意念、感受、存在狀態和音樂都會影響物理現象。以他做的實驗而言，這些因素都會影響凍結在冰塊中的水晶①。還有，一九九八年，以色列魏茨曼科學研究學院（Weizmann Institute of Science）進行了一項受到嚴密控制的實驗，結果顯示光是觀看的行爲就會影響電子束——觀看的時間越久，觀者對實際發生的變化影響就越大②。

我在瀕死的狀態中深深領悟到，為我創造出現實的不只是我的意念，還有看重自己和愛自己。我唯一要做的就是勇敢無畏地做自己。勇敢做自己的意思，就是愛自己愛到拋下那些包袱和迷思，不透過別人的眼光看世界，或不透過別人硬塞給你的眼光看世界。勇敢做自己的意思，就是不需要透過別人的認可賦予自己價值，不需要拿生病當藉口照顧自己，不需要爲了做自己找理由。勇敢做自己的意思，就是知道你不用證明自己的價值，你就是值得。

一言以蔽之，是「恐懼」（怕被討厭、怕被反對、怕自己不配或不夠好）妨礙我做自己，是「愛」幫助我做自己。我越愛自己就越明白自己值得，越明白我有資格無愧地表現自己。道理就是這樣。越是允許自己做自己，你就越是對自己傳遞了「我愛自己」、「我沒有什麼不好」的訊息。

---

① Masaru Emoto, *The Hidden Messages in Water* (New York: Atria Books, 2011), Kindle edition, loc. 127-149.

② Weizmann Institute of Science, "Quantum Theory Demonstrated: Observation Affects Reality," *Science Daily*, February 27, 1998, https://www.sciencedaily.com /releases/1998/02/980227055013.htm.

所以，允許自己忠於自己、做眞正的自己，如此一來，你也是在告訴自己你的念頭沒什麼不對。即使偶有負面或恐懼的念頭，那也沒關係。你大可採取「嘿！那也是我的一部分，來聽聽它要說什麼吧」的態度，那可比「天啊！我必須壓下這種黑暗的想法，不然就會引來不好的後果」好多了。畏懼負面的念頭，接著又畏懼那份恐懼，因爲那份恐懼可能會衍生更多負面的念頭……從頭到尾，你都在爲一開始冒出這些念頭批判自己。

要如何擺脫內在的恐懼、不再妨礙眞實的自己呢？換言之，要如何從怕做自己轉爲愛自己呢？

- 了解恐懼的源頭。恐懼通常源自外界。即使你可能覺得恐懼是內在的，因爲恐懼存在於你心裡。但道理不是這樣的。因爲當你潛入內心深處，那裡只有愛。只、有、愛。全球目前似乎處於失衡的狀態，主宰這世界的是恐懼，而不是愛。許多閱讀本書的人本身是共感人，所以你們對這種現象的感受更深。你們也可能因此認爲這些都是你們內在的恐懼，但其實不然。這些恐懼來自外界當前的主流觀念。

- 盡量減少外界的干擾。我們在第三章談過「不插電」。你也可以遠離引發你的恐懼的人，暫時跟他們斷絕往來。
- 諮詢你的內在神祕家。恐懼的感覺就是在提醒你轉向內在。雖然你的目的是要活在這個有形的世界上、活在這副有形的軀殼裡，不要逃避它，但外界的雜訊有時實在太吵、太可怕了，可能導致我們失去平衡。只要給自己時間走進內在世界就能重新平衡過來。重點在於重拾靈魂的呼喚和心之所嚮，重拾一開始帶你來到這世上的那份愛。

愛是答案和解藥

談過如何愛自己，也談過如何多愛自己一點，現在我想說說如何召喚內在嚮導來幫你。一開始，你可以問問自己：「我要如何更愛自己？我要如何更忠於自己？如果要放下恐懼，我可以從哪裡做起？」再次強調，活得真實不造作的重點，不在於監看自己的思緒和畏懼自己的念頭，而在於「好，那我要怎麼多愛自己一點？」。

在生病、罹患憂鬱症或人生陷入低潮時，切莫告訴自己「都是你自己招來的」、「都是你的負面想法引來這種後果」或「別那麼負面」，這是你最不該對自己說的話了。在面臨痛苦、傷害、混亂、恐懼或疾病之際，你要對自己說的是：「嘿，這是在邀請我多愛自己一點、讓更多美好的人事物來到我的生命裡。」問問自己：「我要怎麼做呢？如何能在我身上和我的人生中找到更多喜悅？有什麼事情能讓我快樂？」

將著眼點放在後者有助你更忠於自己。忠於自己很重要，因爲如我所言，我們是誰就吸引到什麼。所以，當你是個快樂的人，便是在讓更多喜悅來到你的生命裡。而要更快樂的辦法就是更愛自己，如此一來，你才不會處處批判自己的念頭。在支持旁人度過難關時，你一樣可以運用這套辦法。

其中一個更愛自己的做法，就是以全新的方式對自己說話。健康出狀況或陷入困境時，與其自責或對自己生氣，我鼓勵你把自己當成你最好的朋友。如果你最好的朋友面臨你現在的處境，你會對他說什麼呢？你或許會說：「別怕，有我在。」「這一切都會過去，你會因此變得更強。」「我會用愛陪你度過這一關。」我鼓勵你傾聽內在的嚮導，問自己諸如此類的問題，聽聽內在嚮導的答案是什麼。如果你對答案有共鳴，那就行動吧！

永遠、永遠、永遠都要再更多愛自己一點。要讓自己看到你必須學著更接受自己和更愛自己。這就是把頻率調高的辦法。調高頻率或震頻背後的道理是這樣的：我們知道一切都是能量組成的，而根據震動法則（Law of Vibration），那股能量總是處於震動的狀態，包括每一部分的你在內。震頻越高，你的感覺就越輕盈，你的直覺和覺知就越強。畏懼自己的念頭不是調高頻率的辦法，接受自己的念頭才是。你也要幫助那些苦苦掙扎的人更愛自己、更接納自己，這麼做能把你們雙方的頻率都調高。只要記得愛是這世上每一個問題的答案，愛是一切的解藥。

共感人喜歡為旁人帶來歡樂、幸福和光明，這就是為什麼我們到處救人和助人。我們愛去鼓舞別人。為此，我們要先愛自己。這也是為什麼我的口號是「愛自己就像我們的性命全靠這份愛，因為事實就是如此！」。對我而言，學習愛自己是很昂貴的一課，我幾乎付出性命當學費。

共感人眞的不必覺得愛自己或滿足自己的需求很自私。事實上，不這樣才自私呢！因為不把自己顧好只會助長問題而已。然而，一旦你優先照顧自己，可能就會有人認為你很自私。早期我剛開始分享瀕死經驗和癌症痊癒的故事時，有時就會有人（尤其是在社群媒體上）對我有諸如此類的指責，大意是：「至少你有餘裕顧好自己的需求，有人可是過得很辛苦。有人窮得要命／病得那麼重／就快死了！如果你認為最重要的就是愛自己，那對他們有什麼幫助？」

但這種想法是在走回頭路。如果有人對我說這種話，我有時還是會有一絲罪惡感。然而，這在我的工作中是常有的事。大眾期待傳遞身心靈訊息的使者徹底的犧牲奉獻。有些人認定無私無我才是眞正的服務精神，要改變這些人的想法恐怕很難。大眾對治療師、老師、父母、領導者也有一樣的期待。在我成長的文化中，女性無疑也背負了這種期待。每當遇到抱持這種想法的人，每當有人譴責我不該顧好自己的需求，我就會提醒自己：如果我不愛自己、不照顧自己、不聽從自己的直覺和內在的嚮導，那我就會嘗到不這麼做的後果，而後果可能是生病。萬一我生病了，或我過得不好，甚或因爲沒照顧好自己而丟了性命，那我又能爲別人做什麼呢？我非但沒有成爲解答的一部分，反倒成了問題的一部分。

不吸引法則

活得無畏的意思是無畏地做自己，迎向你不曾想像過的可能性、不自我設限的可能性，爲世界帶來秩序，並幫忙消滅恐懼。有時會有人問我對設定目標的看法。就多數情況而言，我都不愛設定目標。我認爲設定目標有可能成爲一種自我設限。我們能夠實現的遠超乎自己所想，而我們沒辦法掌握自己能做什麼，因爲我們沒有完全明白自己是誰。我們的眼界受限於自己所能看見的東西，亦即我們有形的血肉之軀。

關鍵在於了解你是誰，認清你的生理我不是全部的你。低頭看看你的身體，看看它到底是什麼。我要你明白這副軀殼只是冰山的一角，只是二十%的你，剩下的八十%在另一個世界。你用肉眼看不到，但它確實存在。我們的能量傳得很遠，遠到跟周遭每一個人的能量相連。然而，在這個世界上，我們卻彷彿把所有人都當成只是冰山的一角、只是存在於這個時空中的有形軀體，僅此而已。

當我談到六感人或覺察你的六感自我，意思就是去覺察肉眼看不見的那八十%。這八十%能做的遠超乎我們的想像。我在死時的感覺就像這樣。我全都看到了，全都感覺到了。我身上無形的部分比有形的部分多出太多了。我不只是那肉眼可見的冰山一角。事實上，我是整座冰山。我的恢宏與雄偉非筆墨所能形容！

一旦明白生理我只占了小小的一部分，我們就會體認到每一個人都只是眞實的他們的一小部分。至此，我們就會明白自己爲之交戰、爲之擔心、爲之爭執的一切是那麼微不足道。我們也會明白自己一直都在小題大做，因爲我們看不見那有形的自我只是小小的一部分，在它背後藏著一個大出很多的東西，超乎五官看得見、聽得到的範圍。

最近我收到一封來信，對方問道：「如果我對人生有一個很強、很強的渴望呢？這份渴望從何而來，我又該拿它怎麼辦？將我的意念和感受都專注在這上頭（亦即運用吸引力法則）是對的嗎？如果這麼做，我是不是限制了自己？」我的回應是：若是站在目前的位置去勾勒你的願景，或構築你對未來的渴望，你的願景就受限於現在的所見所聞或所知。

讓我以自己的人生為你舉例。罹癌期間，我最渴望的莫過於好起來。為此，我動手製作起願景板。這是二〇〇五年的事，當時還沒有電子願景板這種東西。我買來一塊軟木板，從雜誌上剪下健康人士的照片，把這些照片拼貼在一起。有一陣子，我覺得做願景板很好，但當我的願景沒實現，我沒看到自己恢復健康，甚或只是好轉一點，我就變得更恐懼了。願景板的問題在於萬一願景沒照你的意思實現，你就會開始害怕和懷疑。而當你害怕起來的時候，你就失去了一開始勾勒願景時的愛與靈感。

面臨逆境就代表目前的情況非我所願，你可不想在這種時候勾勒願景。在生氣、害怕或沮喪的情況下，你就會開啓求生模式。一旦進入求生模式，你就接收不到靈感。人在處於求生模式時，思路隨之打結，靈感隨之停滯，所以我們想像不出什麼好的結果。此時與其勾勒未來，不如試著想想如何改善現況，即使只是稍微改善一點。無論目前情況如何，找出可以改善的地方，花時間陪陪你愛的人也好，花時間獨處也好，又或者是聽聽音樂、連結高我、自問這個情況是要告訴你什麼或這一刻是要讓你看見什麼，甚至只是問問自己：「如果沒人在看，我會是誰？」我就是這麼做的。

一位女士寫信跟我說，以前她很愛用願景板，而且處處謹遵吸引力法則理論家教的做法，但她從來不曾得到想要的結果。直到看過我的一支影片之後，她才明白自己是透過恐懼與匱乏的眼光，在求生模式之下勾勒自己的願景。後來，她就把焦點轉移到只求當下好過一點上。一刻接一刻，她持續在每一個當下都這麼做。漸漸的，她覺得自己好轉到可以開創出更遼闊的未來了。過不了多久，她甚至覺得自己不需要願景板之類的工具了，因爲當初就是恐懼導致她依賴這些工具。

如今再回顧我的人生，我看到相較於我的天命（眞正的使命、神聖的目標）爲我準備的未來，當初我釘在願景板上的願景是何其有限。後來的發展比當時我所能想像的好太多了，尤其因爲當時我是基於恐懼和求生去想像未來的。

就像水面下八十%的冰山，我們無法想像目前還看不到的一切。所以，如果在這時設下目標，或甚至製作願景板，可能也只是以我們對未來的有限想像限制自己、打擊自己而已，因爲我們無法完整地看見自己眞正是誰。

未來可能遠超乎你的想像，多數人的想像都囿於目前已知的範圍內。所以，你唯一要做的就是愛目前的你，並從當下找到快樂。如果你不快樂，那就去做最能振奮你的情緒的事情。舉例而言，如果看似會惡化的情況導致我壓力很大，我可能會先離開現場，去做一件截然不同的事情——到海邊散步、煮一頓飯、沖個澡、或任何我很享受的樂事。在做這些事的時候，我的頭腦就會變得清楚，而且總是感覺人生好多了。最後，我整個人的狀態就會比較好，也更能好好處理眼前的情況。只要把當下這一刻過好，你就是在讓最好的未來展開。

我在願景板上釘的圖片遠不及我現在的人生。以前的我怎麼也想像不到這一切。以前的我甚至不知道有這種人生存在！所以，別把自己限制住。別讓各種目標、未來確切的細節或目前某個計畫的預期結果限制了自己。保持開放的結局。你唯一要做的就是在當下充分展現自己。勇敢無畏地活在這一刻。從這一刻找到你的喜悅和你無限的自我。

現在，我們就來看看怎麼做……

從愛一部分的自己到愛全部的自己

當我叫大家要愛自己的時候，我通常也要說明那八十%的事情，因爲大家多半只知道整座冰山的一角，只愛自己看得見的一小部分。有時如果還沒聽完我的話，他們可能說：「喔，我會去按摩啊。我定期去做臉、做頭髮。我運動。我把自己照顧好了。爲什麼我還是過得這麼辛苦？爲什麼我還是覺得不愛自己？」我就會接著向他們解釋這是怎麼回事：「你之所以覺得不愛自己，是因爲你忽視了八十％的自己。你愛的只是二十％的部分。」

完全愛自己的第一步，就是意識到你還有那八十％的部分，而且你其實不只有五感，還有第六感。接下來，你就要去傾聽那八十％的自己，因爲那個部分知道你的使命。那個部分是你要去愛、去接納、去認識、去信任的部分。當你這麼做的時候，你身上有形和無形的部分就合爲一體了。

現在，有形的部分和無形的部分感覺可能像是分開的。你可能覺得自己只是漂浮在海上的冰山一角，因爲你看不到底下的整座冰山。這就是爲什麼你覺得迷失、寂寞和孤立，因爲你只能看到那一小角。但如果你能看到全貌，如果你能看到藏在表面之下的雄偉，如果你能看到底下的部分和其他的一切都是相連的（包括跟其他的冰山、水、大地、各種元素、其餘的世界），如果你能意識到自己比那一小角大出許多，你就可以和那八十％的自己接上線。對你來講，和自己的那個部分接上線的辦法，可能是去閉關靜修、聽聽Podcast的身心靈節目、彈奏樂器、煮一桌美味佳餚、畫一幅畫——做什麼但憑個人選擇。

從早到晚，我隨時隨地都在和那八十%的自己說話。夜裡躺在床上入睡之前，我就跟它聯絡一下。那個部分是你的靈魂，一旦你愛、接納、認識、信任那個部分，一旦你和它說話、悉心照料它，一旦你承認「對，我還有那麼大的一部分。對，那個部分隨時都在設法給我指引。對，它知道我的使命，它知道我爲什麼在這裡。它知道我的未來有什麼。它試圖要召喚我迎向未來的我」，它就會對你說話，而你就不再覺得迷失。眞的是這樣。我親身驗證過。這就是瀕死經驗給我的啓示。瀕死經驗讓我意識到整座冰山。這就是我想邀請你做的事。和那八十%的自己接上線。就這麼簡單。

如果你有小孩，你想讓孩子記得他們眞正的全貌，最好的辦法就是讓他們意識到有形的身體只是冰山的一角，他們比肉眼可見的多出很多、很多。藉由鼓勵他們相信自己的感受和直覺，教他們傾聽完整的自我，包括那看不見的八十%在內。讓他們知道透過問問題和聽取答案就能和這八十％的自己互動。問他們在不同情況下的「感覺」，讓他們從用腦轉爲用心。

我們的心和那八十％的自己頻率更一致。舉例而言，孩子在看電影、看電視或玩遊戲的時候，不只要讓他們體認到這些活動如何刺激大腦，也要讓他們體認到自己的感覺。問問他們有什麼感覺。在看某些表演或玩某些遊戲時，他們覺得緊張嗎？還是很害怕？很快樂？問他們對學校教的科目有什麼感覺——不只是某個科目考幾分，而是這個科目給他們的感覺。下課時間在學校操場有什麼感覺？參加慶生會或其他社交活動有什麼感覺？緊張？害怕？還是充滿期待的喜悅？無論是你想親近孩子那八十％的部分，還是你想幫助孩子親近自己那八十％的部分，了解孩子的感受都是一個很好的途徑。

如果孩子在學校受到霸凌，受到霸凌的只是二十％的部分而已，他們要去傾聽完整的自我。他們也要明白惡霸的行爲是來自他們那二十％的部分。惡霸的行爲源自他們的軟弱。他們不知道自己遠不只是那二十％。他們看不見自己的雄偉，所以他們要靠壓迫別人來壯大自己。霸凌基本上就是這麼回事。

一旦去親近那整座冰山，你就會感受到那份完整與融合。我知道我說愛自己和接納自己很重要，但現在我要把鏡頭拉開，看看更廣的畫面，當你頓時覺得「天啊，我懂了，我不必把焦點放在愛自己，因爲沒有什麼自己。沒有生理我。我要把焦點放在愛全部」。這是自然的進展。你明白了自己是永恆自我的一部分、更大的整體的一部分，這個永恆的自我或更大的整體是那整座和全宇宙相連的冰山。它有一切問題的解答。對我來講，當我靜靜坐著冥想、當我走進大自然、當我在沖澡的時候，就是我和這個更大的自我相連的時候，而它就是我得到答案的地方。

當你開始傾聽那個部分的你，當你開始傾聽你的高我，那就是你的人生以它應有的方式展開的時候。那就是你眞正開始傾聽你是誰、你在這世上要做什麼的時候。你要做的不是迎合別人、迎合主流規範。我眞的是經過一番苦學才做到這一點。

如今，說什麼我也不願拿我人生後來的發展去交換；在二〇一一年遇見偉恩．

戴爾，以及從那之後發生的一切——行遍世界各地，見到那麼多的人；有機會和熱情的觀眾分享我的故事，幫助他們以不同的眼光看待自身的病痛，減輕他們的恐懼；還有，最重要的是，能跟像你這麼不同凡響的人及其他從事類似工作的講者和老師心心相連。重建我族。如果沒有堅定不移的信念，如果不從一而終、至今依然追隨我的心，這一切都不會發生。不會就是不會。

想想看：若是勇敢無畏地追隨你的心、允許自己盡情發揮，那麼未來會有什麼在等你？

練習

問心無愧做自己的靜心冥想

當你開始勇敢無畏地過生活，不妨試著每天練習這個冥想，持續練習一段時日。這個練習爲你打開成爲自己的空間，讓你懷著深深的愛與平靜，站上自己的舞台，爲自己的信念挺身而出，對宇宙說：「來吧！讓我看看接下來是什麼。」

「每天每天，

我都允許自己做自己，不加批判。

我允許自己的念頭來來去去，不加譴責。

我在每一刻擁抱真正的自己。

當恐懼來襲，我溫柔地抱住自己、安撫自己，不去壓抑恐懼的念頭，直到恐懼散去。

我給自己空間做自己。」

說出你的真心話。迎接全新的存在方式。
動起來，展開我們的星球為了修復和求生所需的轉變。

謝詞

對我來講，謝詞是一本書舉足輕重的部分，我可以藉此向每一位貴人表達我的感激。大家在某方面都是這段旅途不可或缺的部分，你們的參與直接間接地促成了這本書的誕生。

首先，我要感謝傑出的經紀人Stephanie Tade。她眞的是每個人夢寐以求的最佳經紀人。她不只把我從簽證危機中解救出來，還幫我和Simon & Schuster出版社談成很棒的出書合約，而且爲我帶來畢生所見最神奇的編輯！謝謝你，Stephanie，你是最棒的！

說到編輯，若是沒有Kelly Malone神奇的巧手協助我將這些文字集結成冊，就不會有這本書的存在！她也是一位共感人，我要的一切她都懂。她就是有辦法讀懂我的心，並讓我的創意躍然紙上！Kelly，我再怎麼謝你也不夠。而且我很感激命運安排你來到我的生命中，爲這本重要的著作擔任編輯。有你在角落裡支持我，我才能輕而易舉就把這本書生了出來！

我也想謝謝美麗的 Zhena Muzyka 歡迎我的書到 Simon & Schuster 落腳。Zhena，你是那麼慷慨大方，而且天生擅長搭起人與人之間的橋梁。你是眞正的獨角獸，如果我見過獨角獸的話！謝謝你來到我的人生中，成爲我的朋友。

還有 Debra Olivier，萬分感謝你協助我提筆寫下這本書的初稿！我從你身上學到好多，也很感激你協助我奠定這本書的基礎。有了這個基礎，它才能成長茁壯，成爲現在的模樣。

給我在 Simon & Schuster 的厲害編輯 Daniella Wexler 和 Loan Le，謝謝你們的奉獻、耐心和辛勤協助我讓本書成形，也謝謝你們肯定這部作品對我來講有多重要。謝謝你們一路照顧它到最後！

我有一支超棒的幕後工作團隊，謝謝你們保持每一個零件的運轉，你們所做的遠超過自己應負的責任，尤其是 Roz 和 Milena。

最後，不可不謝的就是我親愛的老公、我的大寶貝Danny。很高興和你共享這個世界、這個時空、這個存在。有你在我的人生中、能與你相愛到永遠是我的福氣。你是我做每一件事的原因。你是我翅膀下的風。

我也想謝謝這世上的每一位共感人，尤其是這些年來寫信給我或跟我說他們在我身上看到自己的共感人。你們是這本書背後的靈感。我也想對每一位手中拿著這本書的人、每一位寫信給我的讀者表達感激。我很感謝你們所有人的支持、來信，以及滿滿的愛。沒有你們，我就不會做我今天在做的事。

國家圖書館出版品預行編目（CIP）資料

死過一次才學會守護自己：共感人的「小我」練習 / 艾妮塔．穆札尼（Anita Moorjani）著；祁怡瑋譯．-- 初版．-- 臺北市：橡實文化出版：大雁出版基地發行，2021.08
面；　公分
譯自：Sensitive is the new strong : the power of empaths in an increasingly harsh world.

ISBN 978-986-5401-71-9（平裝）

1. 人格特質　2. 同理心

173.7　　　　110009702

BC1096

死過一次才學會守護自己：共感人的「小我」練習

Sensitive is the New Strong: The Power of Empaths in an Increasingly Harsh World

作　　者　艾妮塔．穆札尼（Anita Moorjani）
譯　　者　祁怡瑋
責任編輯　田哲榮
協力編輯　劉芸蓁
封面設計　斐類設計
內頁構成　歐陽碧智
校　　對　蔡函庭

發 行 人　蘇拾平
總 編 輯　于芝峰
副總編輯　田哲榮
業務發行　王綬晨、邱紹溢
行銷企劃　陳詩婷
出　　版　橡實文化 ACORN Publishing
地址：10544 臺北市松山區復興北路 333 號 11 樓之 4
電話：02-2718-2001　傳真：02-2719-1308
網址：www.acornbooks.com.tw
E-mail 信箱：acorn@andbooks.com.tw
發　　行　大雁出版基地
地址：10544 臺北市松山區復興北路 333 號 11 樓之 4
電話：02-2718-2001　傳真：02-2718-1258
讀者傳眞服務：02-2718-1258
讀者服務信箱：andbooks@andbooks.com.tw
劃撥帳號：19983379　戶名：大雁文化事業股份有限公司

印　　刷　中原造像股份有限公司
初版一刷　2021 年 8 月
定　　價　380 元
I S B N　978-986-5401-71-9